EMOCIÓN POR CORRIENDO EN LODO

"Mientras que la gente a menudo habla de sacrificarse por Jesús o de ir a "los confines de la tierra", Charlie en realidad lo ha hecho, llevando el Evangelio a algunos de los lugares más remotos o espiritualmente oscuros del mundo. Sus historias de la vida real de victoria, peligro y lucha en el campo misionero te darán escalofríos y te dejarán alabando a nuestro Padre Fiel. Oro para que *Corriendo en Lodo* desafíe a cada lector a profundizar en la Palabra de Dios y desarrollar una carga para compartir la esperanza de Jesús cerca y

Will Graham
Evangelista y vicepresidente de la
Billy Graham Evangelistic Association
Director ejecutivo, Billy Graham Training Center en The Cove
Autor de *Redimido: Devociones Para el Alma Anhelante*

"Charlie Marq está viviendo la exhortación de Pablo de 'nunca perezosos, más bien trabajen con esmero y sirvan al Señor con entusiasmo'. Leer *Corriendo en Lodo* te inspirará a hacer lo mismo. El llamado de Charlie lo está llevando a lugares difíciles donde el evangelio no está disponible. Pero los principios nos recuerdan que una vida de abandono total es para todo seguidor de Jesús, sin importar dónde Dios te haya colocado. Abre las páginas de este libro y abre tu corazón a lo que Dios tiene para ti, sin importar el costo".

Steve Moore
Presidente, nexleader
Autor de The Top 10 Leadership Conversations in the Bible:
Practical Insights from Extensive Research on
Over 1,000 Biblical Leaders
Ex presidente y director ejecutivo, Missio Nexus

"Increíble viaje de cómo Dios está usando a personas como tú y como yo para avanzar radicalmente Su reino y alcanzar a los perdidos *Corriendo en Lodo* lo lleva desde la comodidad de su iglesia al frente de la evangelización en algunos de los lugares más difíciles y lo hace preguntarse: "¿Podría ir y hacer discípulos de todas las naciones?" No hay Plan B; nosotros, la Iglesia, somos el plan de Dios para alcanzar a los perdidos, alimentar a los hambrientos y consolar a los enfermos. *Corriendo en Lodo* nos muestra que Dios puede y usará a personas comunes como nosotros de maneras poderosas si solo respondemos al llamado y damos un paso valiente en la fe".

Lance Putnam
Fundador y presentador, Legacy Dads Podcast / Ministry

"Charlie es una bola de fuego para Jesús. Las historias globales de Charlie de seguir a Jesús a cualquier lugar para hacer cualquier cosa seguramente conmoverán tu alma y te dejarán desafiado. ¡Pero cuidado! Su amor por Jesús y su espíritu emprendedor pueden encender un fuego en ti para que también abandones tu zona de confort".

"Biz"
Founder, Unusual Soldiers
Author, *Dangerous: Engaging the People and Places No One Else Will*

"*Corriendo en Lodo* es un viaje global lleno de historias de valor misionero y santa determinación. Charlie lo guía desde las calles de Denver hasta las junglas del este de África, desde los templos budistas en el Himalaya hasta las aldeas tribales en el sudeste asiático. Sazona la narración con enseñanzas parabólicas, provocando al lector a persistir en el maratón de la fe. Charlie describe a Jesús como el máximo corredor en lodo: por intención de cumplir la voluntad de Su Padre frente a los obstáculos de la vida. *Corriendo en Lodo* te inspira a correr con resistencia la carrera establecida ante ti, sabiendo que con cada paso que das, estás siguiendo los pasos de Jesús".

David Joannes
Founder, Within Reach Global
Autor de *The Mind of a Missionary: What Global Kingdom Workers Tell Us About Thriving on Mission Today*

"Prepárate para la máxima experiencia ministerial todoterreno que vuelve a colocar las misiones en el negocio de la aventura. *Corriendo en Lodo* es un emocionante recordatorio de que predicar el evangelio no es una obligación religiosa estéril sino una carrera agotadora en algunas de las regiones más oscuras de la Tierra. Cuando pensamos en carreras en lodo, a menudo pensamos en Tough Mudders, Spartan Races, Warrior Dashes y Rugged Maniacs, pero Charlie Marq usa testimonios vívidos de todo el mundo para pintar una imagen de la máxima carrera en lodo: el campo misionero.

Estas historias inspiran y obligan a los cristianos a hacer algo que se ha perdido en el ministerio moderno: encontrar alegría en el sufrimiento. El llamado a llevar el mensaje del evangelio a las áreas más empobrecidas de la Tierra es un mandato extremo de Jesús a sus seguidores y no es para los débiles de corazón. A lo largo de las páginas de este libro, *Corriendo en Lodo* nos recuerda una y otra vez que la Gran Comisión no la cumplirán aquellos que buscan comodidad y riquezas, sino que solo la cumplirán aquellos que 'acepten lo desagradable'. Como alguien que disfruta completamente una buena historia misionera y cree firmemente que debemos hacer todo lo posible para cumplir la Gran Comisión durante nuestro tiempo de vida - recomiendo encarecidamente este libro".

Eugene Bach
Principal creado de problemas en Back to Jerusalem
Coautor de *The Underground Church*
Coautor de *Leaving Buddha: A Tibetan Monk's Encounter with the Living God*
Autor de *China and End-Time Prophecy: How God Is Using the Red Dragon to Fulfill His Ultimate Purposes*

"¡Charlie claramente ama la aventura! Este libro se parece tanto a él. Está siguiendo con fuerza a Jesús y tiene los ojos puestos en los confines de la tierra. Ama los lugares duros, los olvidados, los menos alcanzados. Él quiere alcanzar a las personas para Jesús que están atrapadas en las garras de Satanás en las fortalezas del budismo, el hinduismo y el Islam. Su libro está repleto de historias inolvidables 'fuera de lo común' para llegar a ellas. Aunque tengo sesenta y tres años, el libro de Charlie me hace querer ir con él como un corredor de lodo hasta los confines de la tierra. ¡Creo que Dios quiere usar a Charlie para inspirar a toda una generación a dar radicalmente sus vidas y seguir a Jesús! ¡Oro para que Dios use este libro para tomar tu corazón y convertirte en uno de estos corredores de lodo también!"

Director Ejecutivo de Global Seed Planters

"*Corriendo en Lodo* es un testimonio de la obra continua de Dios en este mundo. Charlie nos inspira a todos a ver nuestro mundo con los ojos del reino de Jesús".

Robert Gelinas
Pastor principal, Colorado Community Church
Autor, *Discipled by Jesus: Your Ongoing Invitation to Follow Jesus*

"*Corriendo en Lodo* tiene una sensación similar a las historias y la escritura de David Platt. Es un libro que debe tomarse con cautela porque lo desafiará hasta la médula. Charlie escribe sobre sus experiencias sirviendo en el extranjero y las lecciones que aprendió en el camino. Cada capítulo revela lo que significa entregarse y decir SÍ a Jesús y seguir diciendo SÍ. Este libro comunica claramente que no es fácil participar en la misión de Dios, pero es el propósito por el cual fuimos creados".

Mick Veach
Pastor principal en Kentwood Community Church, Kentwood, MI
Fundador de Mosaic Midtown Church of Detroit
Antes misionero de tiempo completo entre los no alcanzados

"Charlie is well acquainted with the mission of advancing the kingdom of God, and has gotten down and dirty in taking the gospel message to the nations. Charlie fearlessly proclaims King Jesus wherever the Spirit leads him, and this book is filled with inspiring stories of those adventures. I believe you will be inspired and challenged to fearless obedience to God and His Great Commission, wherever you are and whatever your station."

John Vermilya
Pastor principal, The Tabernacle Church, Buckley, MI

"Charlie está bien familiarizado con la misión de hacer avanzar el reino de Dios, y se ha ensuciado al llevar el mensaje del evangelio a las naciones. Charlie proclama sin miedo al Rey Jesús dondequiera que el Espíritu lo lleve, y este libro está lleno de historias inspiradoras de esas aventuras. Creo que serás inspirado y desafiado a la obediencia intrépida a Dios y Su Gran Comisión, dondequiera que estés y cualquiera que sea tu posición".

Jason Holland
Presidente, Joshua Nations

"*Corriendo en Lodo* no es un libro de cuentos. Más bien, en estas páginas encontrarás una invitación a una historia que Dios te está escribiendo y a la que te está llamando. Sin duda, serás muy inspirado para participar en la gran carrera de dar a conocer el nombre de Jesús en y a través de su vida; al hacerlo, es posible que descubras que naciste para correr en el lodo".

Nirup Alphonse
Pastor principal, Iglesia LifeGate Denver

"Si te importa el clamor del corazón de Jesús por más obreros del reino, *Corriendo en Lodo* es una lectura obligada. Sin embargo, ten cuidado: ¡no puedes leer este libro y mantener tus 'hermosos pies' (Romanos 10:15) limpios y arreglados! Los pies que recorren el lodo se ensucian, se llenan de polvo e incluso se llenan de barro. ¿Por qué? Porque los corazones dispuestos (y los pies capaces) se mueven por el impulso del amor de Dios para enfrentar los charcos de lodo de la necesidad humana donde es necesario entregar la verdad, el amor y las obras de Jesús. Con razón en una habitación llena de pies sucios 'hermosos', Jesús se inclinó tiernamente, sostuvo y lavó los pies que estaban a punto de viajar hacia lugares y personas no alcanzados. Jesús atesoró el potencial de entrega de ellos, como lo hace con el tuyo.

Los pies de Charlie, empleados, dirigidos y empoderados por Jesús, han experimentado numerosas misiones en el lodo a destinos a los que pocos se atreven a ir. Las aventuras inusuales de Charlie, las emocionantes historias de Dios y los consejos prácticos para correr en lodo nos desafían, equipan e inspiran a todos a vivir sin miedo por la causa del reino. ¡Mientras lees y participas en *Corriendo en Lodo*, prepárate para que Dios encienda un fuego en tu corazón, ponga tus pies a correr y te guíe directamente a algunas carreras excepcionales de charcos de lodo dirigidas por Dios!"

Dwight Robertson
Presidente fundador y director ejecutivo, predicador internacional de FORGE
Autor de *Para Dios Tú eres el plan A;*
Forjado por fuego: haciendo de tu intimidad con Dios el regalo más grande; y ¿Está Dios esperando una cita contigo?

"En cada generación, Dios levanta voces que traspasan el ruido de la complacencia y las excusas para generar una señal clara que nos llama a su misión. Si estás leyendo este libro, estás recibiendo la señal. *Corriendo en Lodo* me recuerda la convicción y la escritura de Loren Cunningham, y es una historia que debes escuchar porque animará, desafiará y confirmará muchas partes de tu propia historia. Ya sea que seas un oficinista, un programador informático, un sociólogo o una persona solitaria, ¡hay un corredor de lodo dentro de ti! No solo disfrutes de este libro, piérdete en la historia y entre líneas. ¡Feliz carrera!"

Fred Lynch
Comunicador, Autor, Creativo, FredLynch.org

"Basándose en años de experiencias de vida, tanto luchas como triunfos, *Corriendo en Lodo* sirve como un testimonio inspirador de la obra que el Señor puede hacer a través de aquellos que buscan fielmente servir como Sus instrumentos. Al compartir experiencias de primera mano, complementadas con sabiduría teológica, *Corriendo en Lodo* lleva a los lectores en un viaje a muchos lugares remotos y aislados en todo el mundo mientras expone la verdad de las batallas espirituales y la guerra en la vida de la gente común. Ya sea que seas un científico o un trabajador de la construcción, un maestro o un líder empresarial, este libro demuestra que no eres simplemente lo que haces para ganarte la vida. Más bien, todos estamos definidos por cuán apasionadamente e incansablemente nos comprometemos a la búsqueda de servir a Dios a través del avance de Su reino".

"John Smith"
Soldado encubierto que lucha contra la trata de personas

CORRIENDO EN LODO

AVANZANDO EL REINO – SIN IMPORTAR LA
GENTE, EL LUGAR, O EL COSTO

CHARLIE MARQ

 FORGE

Corriendo en Lodo
© 2024 por Charlie Marq
Publicado por Forge, Traducido por Santiago Fuentes.
14485 E. Evans Ave., Denver, CO 80014
es.forgeforward.org

Para solicitudes de permiso, escribir a:
Forge / Charlie Marq
14485 E. Evans Ave., Denver, CO 80014
www.CharlieMarq.com

Número de control de la Biblioteca del Congreso: 2021911043

ISBN: 978-1-960455-14-7 (libro de bolsillo)
ISBN: 978-1-960455-17-8 (libro electrónico)
ISBN: 978-1-960455-07-9 (libro de tapa dura en ingles)
ISBN: 978-1-947360-96-9 (libro de bolsillo en ingles)
ISBN: 978-1-960455-09-3 (libro electrónico en inglés)

*Si bien todas las historias en *Corriendo en Lodo* describen con precisión cómo he sido testigo del movimiento diario de Jesús entre las naciones, los nombres y lugares han sido cambiados o alterados para proteger los ministerios y las identidades de aquellos en lugares de riesgo.

A menos que se especifique de otra forma, todas las citas bíblicas son tomadas de La Santa Biblia, Version La Biblia de las Américas®. LBLA. Derechos reservados © 1986 por The Lockman Foundation. Usado con permiso de The Lockman Foundation, La Habra, California, 90631, Estados Unidos de América. Todos los derechos reservados.

DEDICATORIA

La gente me ha estado pidiendo durante años que escriba las historias de todo lo que he visto hacer a Dios en todo el mundo. Sabía que Dios quería que compartiera estas historias; la pregunta siempre ha sido ¿cuándo y cómo? En un avión en Asia, la visión y el plan de este libro se desarrollaron claramente cuando Dios me lo reveló:
"Charlie, ahora es el momento".

Para aquellos que han orado y apoyado la visión:
estas son sus historias de Dios.

Para el abuelo Peter:
Finalmente entendí lo que querías escuchar de mi primer viaje misionero, no solo el "bien" que hicimos, sino las historias de Jesús. ¡Aquí están!

Para Onwas:
Eres uno de los primeros de tu tribu en bailar ahora ante el trono de Dios por toda la eternidad.

Para mi esposa y mi familia:
Gracias por su sacrificio al aceptar el llamado de Dios
y continuar enviándome una y otra vez.
Aférrense a estas historias de Jesús de primera mano,
hecho posible gracias a su sacrificio.

Para los corredores
en lodo que dan su vida día tras día por el reino de Dios: este libro no está
escrito sólo para ustedes sino por ustedes.

ÍNDICE

LA LÍNEA DE INICIO: CARRERAS EN LODO

"¿Estás seguro de que es una buena idea continuar?" preguntó Nathan.

El sol se estaba poniendo y la oscuridad pronto nos rodearía. "Sí, sigamos. No quiero perder más tiempo en este viaje". Noté que nuestras motocicletas tenían los faros adecuados y, aunque la noche estaba sobre nosotros, el viaje no debería tomar mucho tiempo. "Deberíamos estar bien", dije antes de conducir para liderar el camino.

No mucho después, me tragué mis propias palabras cuando varias de nuestras motocicletas se averiaron y nos encontramos varados en la oscuridad a lo largo de un camino de barro resbaladizo en la ladera de una montaña. Mi amigo y compañero de ministerio, Nathan, junto con varios nacionales y yo viajábamos a una aldea remota del Himalaya para dedicar tiempo a capacitar a los creyentes para alcanzar a los no alcanzados. Pero las montañas lodosas iban a retrasar un poco más nuestra misión.

De alguna manera encontramos una pequeña casa de huéspedes al costado de la carretera y logramos llevar nuestras motocicletas hasta allí. Los propietarios nos invitaron a pasar. Agachamos la cabeza y entramos en su modesta habitación. Los anfitriones nos ofrecieron té mientras continuaban preparando la cena, arroz y curry.

Mientras tomábamos nuestro té y mirábamos el fuego que calentaba el horno de barro, agradecimos esta parada inesperada. Necesitábamos descanso y Dios lo proveyó. Después de la cena, nos acostamos en las camas que nos proporcionaron. A diferencia del barro y la montaña, las camas de superficie dura no supusieron ningún obstáculo para que nos durmiéramos de inmediato.

A la mañana siguiente, nuestro viaje comenzó con una lluvia torrencial. El pueblo objetivo todavía estaba bastante lejos. Los lugareños nos hablaron de un pequeño pueblo a una milla de distancia donde podríamos tomar un taxi de montaña 4 x 4 que conducía regularmente a la región a la que viajábamos. Como mi motocicleta era la única que no se había averiado, llevé a Nathan al pequeño pueblo. Nathan bajó de la motocilceta para esperar con el taxi mientras yo regresaba para recoger a los demás. Conduje de regreso a donde nos habíamos alojado lo más rápido que pude. Aparqué la moto y reuní a mis dos amigos del Himalaya, Aliza y Aadesh. Agarramos nuestras mochilas y comenzamos a caminar.

Cuando llegamos, ni Nathan ni el taxi estaban por ningún lado. La lluvia continuaba a cántaros. No fue posible comunicarse con Nathan. Me quedé pensando que Nathan se dirigió a nuestro destino por razones que solo él conocía.

Durante horas caminamos bajo la lluvia torrencial, resbalando y deslizándonos en lodo espeso y resbaladizo. Estábamos empapados de pies a cabeza. Confieso que en el camino tuve algunos pensamientos despectivos: *¡Debe ser agradable, Nathan! ¡Viajaste rápido y seco y nosotros tenemos una caminata empapada!*

Decididos, continuamos avanzando, paso a paso y, a veces, centímetro a centímetro. *Oré, Señor, espero que hagas que nuestro tiempo en este pueblo valga la pena.*

Inmediatamente el Señor respondió con este pensamiento: *"¿Crees que soy digno de esto, Charlie?"*

Perdóname, Señor. ¡Sí, por supuesto que eres digno! Consideraré esta alegría pura sin importar el resultado. ¡Vale la pena porque tú eres digno!

Después de caminar durante gran parte del día, llegamos al pueblo. Y Dios obró poderosamente entre los creyentes allí.

Si bien nunca hubiera elegido esa experiencia empapada de lluvia y cargada de lodo por mi cuenta, las dificultades temporales valieron la pena ese día. El viaje prolongado lleno de obstáculos me recordó a aquellos que se encuentran con aventuras llenas de barro, no porque deben sino porque pueden. Hay personas que realmente eligen "sufrir" a través de aventuras llenas de lodo conocidas como carreras en lodo, ¡y todo en nombre de la diversión!

Las carreras de lodo son carreras de obstáculos llenas de lodo. Existen numerosas variaciones y nombres: Tough Mudder, Spartan Race, Warrior Dash y Rugged Maniacs, solo por nombrar algunos. Estas carreras no son para los débiles de corazón. Requieren una gran resistencia, tenacidad con los ojos en el premio y, a veces, apretar los dientes y seguir adelante. No atraen al tipo de personas "únicas". Más bien, un "Tough Mudder no es una carrera de barro ordinaria", como lo ve un experto; "Es un modo de vida." Los eventos de Tough Mudder requieren lo que me gusta llamar mudrunners (Corredores en lodo, en inglés)*. Aunque pueden estar empapados de barro de la cabeza a los pies, los corredores de lodo se enfrentan a cualquier obstáculo para seguir avanzando en la carrera, luchando duro para cruzar la línea de meta sin importar lo que cueste. Los Mudrunners irradian la mentalidad de "es difícil, pero vale la pena". Creo que Dios está buscando más corredores de lodo para la causa de su reino. Me atraen las palabras del apóstol Pablo, quien escribió: "pero mi vida no vale nada para mí a menos que la use para terminar la tarea que me asignó el Señor Jesús, la tarea de contarles a otros la Buena Noticia acerca de la maravillosa gracia de Dios" (Hechos 20:24 NTV). Pablo no solo comenzó la carrera; cruzó victorioso la línea de meta. Pero seguramente no fue una hazaña fácil. Pablo luchó duro para correr su carrera, describiéndola de esta manera: "En cuanto a mí, mi vida ya fue derramada como una ofrenda a Dios... He peleado la buena batalla, he terminado la carrera y he permanecido fiel". (2 Timoteo 4:6–7 NTV).

Pablo usa una imagen gráfica para resumir su estilo de vida de corredor de lodo: "una ofrenda a Dios". Como sacrificio a Dios, los judíos derramaban libaciones en el fuego del altar para ofrecer una representación de sí mismos a Dios. Las libaciones se cumplieron finalmente cuando Jesús derramó su vida y derramó su sangre en la cruz, la sangre del nuevo pacto. Si bien la sangre de Jesús cumplió con la necesidad de dar libaciones literales, Jesús nos llama a derramar nuestras vidas a Dios, a morir diariamente a nuestros propios placeres y deseos para vivir por algo mucho más grande: la causa del reino de Dios. Pablo continuamente derramó su vida, avanzando ofensivamente el reino de Dios dondequiera que puso un pie, lo que resultó ser mucho más duro que cualquier lodo que se esparza por ahí.

Pablo aceptó obstáculos y desafíos extremos por el bien de este Reino un "Rudo" corredor en lodo: a menudo expuesto a la muerte; golpeado con varas tres veces; atacado con piedras; naufragó tres veces; a flote durante un día y una noche en mar abierto; constantemente en movimiento; en peligro de ríos, bandidos, falsos creyentes, judíos y gentiles; en peligro en la ciudad, en el campo y en el mar; a menudo sin dormir, sin comer y sediento; consistentemente encarcelado, frío y desnudo; y severamente flagelado cinco veces separadas. Cada flagelación consistía en treinta y nueve latigazos de un látigo con nueve correas de cuero que contenían fragmentos de bolas de metal con púas y huesos afilados diseñados para hundirse en la piel y rasgarla en pedazos (2 Corintios 11:23–27).

Claramente, "lanzarse al fuego" por la causa del reino de Dios era más importante para Pablo que su propia comodidad, e incluso su propia vida. Tomó los zapatos de un corredor de lodo, corrió su carrera y, gracias a su determinación, terminó bien. Jesús todavía está buscando corredores de lodo que hagan avanzar Su reino como una forma de vida. Este reino necesita corredores de barro de estilo de vida dispuestos a dar su "sí" sin reservas cuando preguntan: "¿Vale la pena la causa del reino de Dios a cualquier costo para mi vida? ¿Y realmente creo que Jesús es digno de todo?" Dios me invitó a la carrera por primera vez cuando me llamó al ministerio itinerante, viajando de un lugar a otro, tanto en mi país como alrededor del mundo, para predicar el mensaje de Jesús en cualquier lugar y en todas partes a multitudes grandes y pequeñas, y finalmente propagar un movimiento de trabajadores del reino, también conocidos como mudrunners.

Cuando di un paso de fe por primera vez, a menudo me sentía inadecuado y me preguntaba cómo podría correr mejor la carrera que Dios me había puesto por delante. A través de todo, Dios ha sido fiel. El camino único que Dios estableció para mí me ha llevado a numerosas empresas en todo tipo de países alrededor del mundo. He visto grandes victorias y también he cometido muchos errores. Correr la carrera me trajo algunos de los mejores días de mi vida e incluyó algunos de los peores. La pregunta sigue siendo: ¿ha valido la pena? Mi respuesta es innegable: ¡Absolutamente! Este estilo de vida de fe, esta aventura del reino de los corredores de lodo, no es solo para mí. ¡También está destinado a ti! Todo lo que requiere es la voluntad de decir sí a lo que Dios pida, siempre que Él lo pida. Me imagino un ejército de corredores de lodo para el reino de Dios, reunidos en la línea de partida, corriendo su carrera, y todos cruzando fielmente la línea de meta en victoria, avanzando apasionadamente el reino de Dios en cualquier lugar y en todos los lugares a los que vayan. ¿Serás uno de ellos? Espero que te veas entre ellos. Espero que aceptes el desafío de convertirte en un corredor de lodo y correr tu carrera para la gloria de Dios. No será fácil. Se avecinan tiempos difíciles. Lodo, dificultades e incluso persecución pueden esperarte. En medio de todo esto, te prometo: ¡Correr por la causa de Cristo vale la pena porque Él es digno de ello! A medida que continúes a través de este libro, oro para que, capítulo por capítulo, Jesús te equipe aún más para unirse a Él en la causa de Su Reino. Que te conviertas en un corredor de lodo que declara con abandono casi imprudente: "¡Es difícil, pero vale la pena!"

UNO
LAS PUERTAS DEL INFIERNO

¡QUÉ MEJOR LUGAR para comenzar el viaje de un corredor en lodo que el mismo infierno! Finalmente llegué al sur de Asia, a pesar de desafíos sin precedentes. Mi corazón latía con euforia por la aventura de Jesús que nos esperaba.

"Oye, Arpan", le dije a mi amigo y colega del ministerio, "¿qué piensas acerca de ir a una región no alcanzada y visitar un templo hindú?"

"¡Si vamos!" respondió.

Nos subimos al auto de Arpan. Después de varias horas de manejo, llegamos a un templo blanco con una arquitectura impresionante. Caminamos en oración hacia el patio del templo, planeando mantener nuestros ojos abiertos para una oportunidad del reino y compartir acerca de Jesús si pudiéramos encontrar una manera de hacerlo.

Arpan y yo caminamos hasta el final del patio y nos acercamos al "lugar sagrado" donde los sacerdotes se sentaban frente a sus dioses, que eran ídolos sin vida hechos a mano por simples hombres. Estos sacerdotes vestían fajas blancas que se envolvían sobre un hombro y se doblaban alrededor de la cintura como una falda. La pintura cubría sus rostros arrugados y un punto rojo marcaba sus frentes, actuando como su "tercer ojo".

Nos acercamos al sacerdote de la izquierda. No pude evitar mirar detrás de él al templo y al "dios" que consagraba. Lo que vi detrás del sacerdote me recordó la cruda realidad que podría enfrentar en la eternidad. Mientras se quemaba el incienso, el humo rodeó al ídolo y llenó el templo. El ídolo de piel azul se quedó sin vida mirándome. Con la lengua fuera, el ídolo sostenía una cabeza cortada, goteando sangre. Mostraba caos y seguramente se parecía a una especie de infierno.

No pude evitar pensar en la ironía: mientras buscan la paz, la bendición y la bondad, los hindúes adoran a algunas de las criaturas más perturbadoras, violentas y malvadas conocidas por la humanidad. ¡Seguramente deben estar buscando algo más que esto! Pensé.

Arpan y yo entablamos una conversación con el sacerdote para ver si podía conducir a una conversación sobre Jesús.

Mientras los tres hablábamos, un anciano entró cojeando en el área del templo. Caminó lentamente hacia los ídolos, dejó su sacrificio y luego se dirigió a donde estábamos parados. Cayendo sobre su rostro ante el sacerdote, besó los pies del sacerdote varias veces. Con lágrimas en los ojos, le pidió al sacerdote. "¡Bendíceme, bendíceme, bendíceme!" el hombre gritó en voz alta.

Una carga intensa llenó mi corazón. Anhelaba hablarle a este hombre sobre el Dios cuya carga es ligera, el Dios que podría tomar todas sus aflicciones y bendecirlo de verdad. Me volví hacia Arpan y dije: "Mi corazón está apesadumbrado por este hombre. Creo que tenemos que hablar con él.

"Sí", estuvo de acuerdo Arpan, "me siento de la misma manera". "Está bien, vamos a hablar con él". Cuando terminé de murmurar esta oración a Arpan, miré a mi alrededor y el anciano ya se había levantado de alguna manera y regresaba cojeando a la entrada. Rápidamente lo perseguimos fuera de las puertas y hacia la calle.

"¡Namasté!" Lo saludé. El hombre me gritó algunas palabras que no entendí. Arpan tradujo. "Él está preguntando qué dijiste". El hombre era medio sordo, gritaba fuerte y repetía solo para entender un simple saludo.

Miré alrededor de la concurrida calle. Bueno, esto podría ser interesante. Es posible que tengamos que gritar de un lado a otro en este lugar solo para tener una conversación. Y dado que compartir el evangelio es ilegal aquí, ¡podríamos generar todo tipo de problemas en esta calle pública repleta!

Intentamos seguir conversando, pero el anciano se se abrió camino y se fue. Nuestra esperanza de conversación se desmoronó.

Mientras tanto, un joven nos siguió obstinadamente en una bicicleta y me gritó repetidamente: "Oye, ¿de dónde eres?" en inglés roto.

Lo escuché, pero elegí intencionalmente ignorarlo mientras Arpan y continué intentando enfrentar al anciano. Sabiendo que rara vez es prudente llamar la atención sobre uno mismo en un país extranjero o responder a las señas de un extraño al azar, mi plan era seguir ignorándolo.

Pero su persistencia finalmente me afectó. Me di la vuelta y dije: "Hola hermano, soy de EE. UU. ¿Cómo estás?"

"Estoy bien, gracias", respondió, "¿Y tú cómo estás?". Su fraseo imitó la típica respuesta en inglés enseñada por muchas escuelas alrededor del mundo.

"Estoy haciendo bien. Mi nombre es Charlie. ¿Cómo te llamas?" "Mi nombre es Sakar", respondió. Todavía estábamos de pie fuera de las puertas del templo, y sentí que el potencial de la conversación con el anciano en realidad nos había llevado a este nuevo individuo.

Me sentí obligado a preguntar: "Sakar, ¿cuál es tu sueño? ¿Que quieres hacer con tu vida?" "Quiero unirme al ejército de mi país", proclamó con confianza.

"¿En realidad? Casi me uní al ejército en mi país".

"¿Qué te detuvo?" inquirió Sakar. "¿Por qué no te uniste?"

"¡Bueno, trabajé muy duro y en realidad estaba a punto de lograr mi objetivo! De hecho, el ejército me otorgó una beca completa y una increíble oportunidad de liderazgo. Pero algo interesante sucedió antes de que me uniera. Un día, mientras pasaba tiempo con Dios y oraba, Él me pidió que renunciara a mi sueño militar y lo pusiera a Él primero en mi vida. ¡Luego me pidió que viajara por el mundo y le contara a otras personas acerca de Él! En el proceso, he descubierto que Dios satisface mucho más que cualquier sueño o deseo que podamos tener. El nombre de este Dios es Jesús. El me cambio la vida. Él realmente puede interactuar con nosotros y podemos tener una verdadera relación con Él. Tú también puedes tener una relación con este Dios, Jesús".

Sakar escuchó atentamente.

Arpan agregó: "Es verdad, Sakar. No tienes que adorar a Dios en un templo. Él puede vivir dentro de ti y puedes adorarlo en cualquier lugar".

"Sakar", le pregunté, "¿normalmente adoras en este templo?"

"Sí, siempre vengo aquí a adorar".

"Puedes tener una relación con el único Dios viviente verdadero porque Jesús vino y murió como sacrificio por todos nuestros pecados que nos separan de la presencia de Dios. Jesús resució de entre los muertos y está vivo hoy. No tienes que dar sacrificios aquí para agradar a Dios. Simplemente tienes que creer en Jesús y seguirlo, sin adorar más a ningún otro dios. ¿Quieres creer en Jesús?"

"Sí, realmente quiero creer en Jesús", dijo Sakar con entusiasmo. "Está bien, puedes orar ahora y decirle a Jesús que crees en Él y en todo lo que ha hecho por ti, y que quieres comenzar una relación con Él. Puede ser con tus propias palabras."

Sakar comenzó a orar. Sorprendentemente, comenzó a confesar sus pecados a Dios en voz alta, ¡allí mismo en la calle! Era evidente que Jesús se estaba apoderando de su corazón.

Sakar terminó de orar. ¡Fue hecho vivo en Cristo en ese mismo momento! Intercambiamos información de contacto y nos separamos. Más tarde, Arpan y yo creamos un plan de seguimiento local para que Sakar creciera en la fe. El reino de Dios había avanzado, y de todos los lugares, ¡justo afuera de un templo hindú!

Esta no era la primera vez que Dios había hecho tal cosa. El evangelista Mateo cuenta acerca de una vez que Jesús llevó a sus discípulos aun lugar donde se cernía una pesada oscuridad espiritual (Mateo 16). Jesús llevó a sus discípulos a Cesarea de Filipo, un conocido centro de adoración de ídolos. Era el hogar de una serie de templos paganos, ubicados en la base de un enorme acantilado que se cernía sobre el borde de la ciudad. Los adoradores del emperador César, así como los dioses llamados Baal y Pan, viajaban a menudo a estos templos para realizar sacrificios. Actos indescriptibles como la bestialidad con las cabras se convirtieron en formas de adoración fomentadas. Estos adoradores creían que los espíritus iban y venían del reino de los muertos a través del canal del acantilado. Llamaron a esa apertura "las Puertas del Hades" o "las Puertas del Infierno". ¿Suena familiar? (Mateo 16:18).

A menudo me he preguntado qué experimentaron personalmente los discípulos cuando pusieron un pie en lugares como "las Puertas del Infierno". En mis propias expediciones de aventurarme en templos, lugares de adoración de espíritus y antepasados, burdeles, distritos de prostitución, pueblos sin un solo creyente, mezquitas y regiones de persecución violenta, he experimentado una oscuridad espiritual palpable. Entrar en algunos de estos lugares ha sido como entrar en una burbuja de gelatina demoníaca. Una vez entré en un poco de esta espesa gelatina cuando entré en una "sala sagrada especial" donde vi a los lugareños inclinándose ante dos cadáveres embalsamados. Uno por uno, se turnaron para inclinarse hacia el lado izquierdo, luego a los pies y luego al lado derecho de cada uno de estos cuerpos, estos "dioses" que eran los dos ex líderes de este país comunista asiático. Sentí que podía saborear la oscuridad espiritual. De la cabeza a los pies, todo mi cuerpo experimentó una pesadez y una opresión distintas que se cernían sobre la habitación.

En otra ocasión, entré en una región musulmana de Somalia y sentí un caos estremecedor. Una sensación de ansiedad se disparó. No podía explicarlo, pero el caos se limitaba solo a esa región somalí.

Como he visitado varias mezquitas en todo el mundo, todas comparten un espíritu común, el del engaño. Los monasterios budistas en los que he entrado en todo el mundo también parecen compartir un "aire espiritual" unificado pero único en su interior. En algunos de estos lugares, el mal se siente denso y pesado. Es como si casi pudieras ver mensajeros oscuros específicos enviados por Satanás para mantener a grupos enteros de personas en la oscuridad, el engaño y la opresión.

Si bien la oscuridad puede ser vívida, no debemos tener miedo de poner un pie en esos lugares, porque Jesús mismo nos protege. Ciertamente he aprendido esta increíble realidad. No solo podemos pelear defensivamente la batalla espiritual mientras el enemigo nos arroja hondas en nuestro camino, sino que podemos pelear ofensivamente, agarrando la espada del Espíritu y aventurándonos a llevar Su Palabra a lugares espiritualmente oscuros. ¡Yo, por mi parte, a menudo estoy ansioso por hacerlo!

Jesús no huyó con miedo de estos lugares espiritualmente oscuros, despreciados y contaminados por el pecado. Jesús no trató de evitarlos. Jesús no pareció desconcertado. De hecho, "las Puertas del Infierno" fue el lugar exacto donde Jesús llevó a sus discípulos para revelar y proclamar que Él era el Mesías. Jesús no fue proclamado como el Mesías en Jerusalén, la ciudad central del judaísmo. Jesús no fue proclamado como el Mesías en una sinagoga o lugar de reunión religiosa. No, Jesús fue proclamado como el Mesías por Pedro en uno de los lugares espiritualmente más oscuros del día donde pocos judíos se atreverían a poner un pie.

Y como si eso no fuera suficiente, Jesús proclamó: "Sobre esta roca edificaré mi iglesia y las puertas del infierno no prevalecerán contra ella" (Mateo 16:18). Lo más común es que se enseñe que la proclamación de fe de Pedro fue la roca sobre la cual Jesús edificaría Su Iglesia. Si bien Jesús comenzó a construir Su Iglesia sobre la proclamación de fe de Pedro en ese momento, creo que hay más en la historia. Creo que Jesús quería que Sus discípulos entendieran que Él podía construir Su Iglesia en cualquier lugar, incluso en los lugares más oscuros e inimaginables, lugares como el peñasco rocoso de Cesarea de Filipo. Como Sus seguidores, podemos proclamar el reinado de Jesucristo en cualquier lugar de oscuridad espiritual, y Él edificará Su Iglesia; y nada lo superará, ni el acantilado pagano de Cesarea de Filipo ni ningún lugar de total oscuridad en nuestros días y tiempos.

La proclamación de Jesús no es una declaración defensiva sino ofensiva. Jesús no estaba describiendo a la Iglesia escondida en una fortaleza mientras el infierno ataca. Más bien, Jesús estaba pintando un cuadro de la Iglesia en movimiento, avanzando, ¡derribando las puertas del infierno e infiltrándose en la oscuridad! Este es el tipo de puertas que Dios nos está llamando a derribar, por más difícil que sea la misión y sin importar el tamaño de los obstáculos que se interpongan en nuestro camino. Cuando Jesús ascendió al cielo, Sus discípulos fueron por toda la tierra, incluso a los lugares más oscuros, y Jesús comenzó a edificar Su Iglesia. Empezó entonces. Continúa hasta el día de hoy. Entonces, como seguidores de Jesús, ¿cómo debemos acercarnos a la oscuridad espiritual? ¿Qué debemos hacer?

Ya no veo los lugares espiritualmente oscuros como algo de lo cual huir o evitar. Ahora veo los lugares espiritualmente oscuros como oportunidades para hacer avanzar el reino de Dios y unirme a Jesús en su causa por el mundo. Verdaderamente es la oscuridad la que más desesperadamente necesita la luz.

Jesús siempre ha querido ocuparse de los lugares espiritualmente sucios y fangosos. Su plan es hacerlo a través de corredores de lodo como tú y yo. Al entrar en lugares oscuros y fangosos, ¡podría ver a Jesús abrazado como el Mesías, el Salvador, ¡entre aquellos que más lo necesitan! De hecho, incluso ha prometido que en esos lugares edificará Su Iglesia. ¿Estás listo para unirte a Su ofensiva en la oscuridad?

¿Ahora qué?

- ¿Cuáles son algunos de los lugares espiritualmente oscuros que has visto en tu vida diaria?
- ¿Cómo crees que Jesús podría querer avanzar Su reino allí?
- En lugar de huir de ellos, ¿cómo puedes llegar a esos lugares con la luz de Cristo?

DOS
¿POR QUÉ CORREMOS?

ACTUALMENTE ESTOY SENTADO con una taza de té chai y mi computadora portátil en el centro de Denver. En el camino aquí pasé a varios vagabundos que sostenían carteles de cartón mientras miraban al olvido, esperando y deseando que sus vidas cambiaran. O tal vez simplemente esperar y esperar que encuentren suficiente comida y calor para pasar la noche.

Me acuerdo de una vez que vi a un vagabundo con un cartel que decía "Necesito zapatos".

Acercándome al hombre, le dije: "Soy Charlie. ¿Cómo te llamas?" "Soy Willis".

Un hombre grande, Willis se alzaba sobre mí. Siendo yo mismo de impresionantes 1.60 metros, me di cuenta de que debíamos parecernos a David y Goliat. Le dije: "Willis, no creo que mis zapatos te queden bien. Pero quiero preguntarte algo: ¿Sabes algo acerca de Jesús?

Sin previo aviso, Willis estaba gritando. Peor aún, me estaba gritando a mí. "¡Los odio cristianos!" él gritó. "¡Quítate de mi vista, vete antes de que te golpeé!" Si bien esta probablemente no fue la idea más sabia, pensé: ¿Por qué no quedarme unos minutos más y ver si la conversación puede ir más allá? No lo hizo. Mientras me alejaba, Willis gritó una acusación que nunca olvidaré: "Ustedes, los cristianos, siempre están caminando a mi lado, pero ni siquiera me miran".

Esa declaración me golpeó fuerte. Mientras pensaba en ello durante el resto del día, comenzó a hundirse profundamente en mi corazón. El Señor comenzó a convencerme mientras me preguntaba, ¿Cuántas personas he pasado sin realmente ver? ¿A cuántas personas he ignorado o nunca me he dado cuenta? ¿Cuántas personas simplemente no me han importado?

Jesús no solo "pasó de largo" a personas como Willis. No, Jesús vio a cada persona. Él tomó nota de ellos. Observó dónde estaban y se acercó para enfrentarse a ellos. Mateo 9:36 dice: "Y *viendo* las multitudes, tuvo compasión de ellas..."(Cursivas mías). No siempre he visto las necesidades de las personas como las ve Jesús. Y cuando vislumbro las profundas necesidades que me rodean, es tan abrumador. Es muy fácil quedar paralizado y preguntarse: ¿Qué puedo hacer?

¿Alguna vez te has sentido abrumado por las necesidades que te rodean? Dios tiene una raza única para ti que se ocupará de manera única de las necesidades del mundo que te rodea. Es una carrera que implica amarlo con todo lo que tienes y amar radicalmente a las personas que te rodean, incluidas personas como Willis.

De hecho, la Biblia nos da esta invitación que cambia la vida: "... corramos. . . la carrera que tenemos por delante" (Hebreos 12:1). Esto es algo que cualquiera y todos pueden hacer y están invitados a hacerlo. La triste realidad, sin embargo, es que muchas personas se pierden esta carrera. Demasiados cristianos viven al margen, nunca llegan a la línea de salida y nunca corren la carrera que se les presenta. Demasiados nunca asumen la verdadera causa de Cristo: amarlo con todo, amar a los demás como más importantes que uno mismo y hacer discípulos de todas las naciones.

Aún más trágico es el hecho de que, cuando no decimos "sí", cuando no aceptamos la invitación y no corremos la carrera que Dios nos ha llamado a correr, otras personas sufren. Hay personas, como Willis, que no tienen idea de que Dios los está invitando a correr su propia carrera. Y nunca lo harán si tú y yo no nos acercamos a la línea de salida y corremos nuestra carrera con todo lo que tenemos.

Tal vez has llegado a la pista pero has estado postergando acercarte a la línea de salida y comenzar la carrera. Ciertamente esperé demasiado para saltar a la acción. Pero una vez que lo hice, ¡seguramente valió la pena! La descarga de adrenalina, la emoción y la alegría pura de la causa fue inconmensurable. ¡Nunca pensé que la carrera podría ser una aventura tan emocionante! Nadie nunca me lo dijo. O más probablemente, me lo dijeron, pero yo era demasiado tonto para asimilarlo. En cualquier caso, ahora que he comenzado la carrera, ¡no hay vuelta atrás!

Un día me encontré en uno de los países más inalcanzables, restringidos y peligrosos del mundo para los seguidores de Jesús. Mientras me sentaba en un autobús y miraba por la ventana, vi lo que cabría esperar en las naciones del tercer mundo: granjeros empobrecidos en pequeñas aldeas, niños hambrientos y gente sacando agua de las zanjas, todo en medio de ciudades algo desarrolladas con gente corriendo de aquí para allá.

Mientras continuaba observando, comencé a tomar nota de los rostros de todas las personas con las que nos cruzábamos. Una y otra vez vi ojos apagados, expresiones abatidas, semblantes de intensa oscuridad. Vi personas perdidas, quebrantadas, indefensas y desesperanzadas que necesitaban desesperadamente algo más de lo que se les había dado.

Viviendo en un país que prohibía estrictamente el acceso al mensaje de Jesús, cada uno de ellos, me di cuenta, probablemente nunca había escuchado el evangelio, probablemente nunca lo haría, ¡y no podría escucharlo aunque quisiera! A medida que asimilaba esa realidad, comencé a sentirme agobiado e incluso enfermo del estómago. Mientras oraba, surgió una carga desgarradora por la gente.

Inmediatamente me acordé de Mateo 9:36: "Y *viendo* las multitudes, tuvo compasión de ellas, porque estaban angustiadas y abatidas como ovejas que no tienen pastor". Eso es lo que estaba presenciando: ovejas acosadas e indefensas sin pastor, personas que no entendían la compasión de Jesús por ellas. Jesús no se sintió simplemente mal por la gente. La palabra compasión en las Escrituras significa literalmente "ser conmovido como en las propias entrañas".

Jesús tenía una carga desgarradora por la gente. Y ese día, experimenté la compasión desgarradora de Jesús, Su carga por los demás, de una manera nueva.

¿Alguna vez te has preguntado cómo se siente Jesús acerca de los desesperanzados? Tal vez la palabra desesperado incluso te describa a ti, o a aquellos con los que te encuentras en tu vida diaria, o al resto del mundo. Los desesperanzados por quienes Jesús siente una compasión desgarradora incluyen a personas de su familia, personas en su lugar de trabajo, conocidos al azar e incluso grupos de personas de los que nunca ha oído hablar que viven al otro lado del mundo.

La buena noticia es que la profunda compasión de Jesús no deja a ninguno de nosotros sin esperanza y abandonado, errante y perdido sin salida.

¿Cómo sé esto?

Porque Jesús miró a sus discípulos y dijo: "La mies es mucha, pero los obreros pocos. Por tanto, rogad al Señor de la mies que envíe obreros a su mies" (Mateo 9.37-38).

En una sola frase, Jesús identificó tanto la mayor necesidad del mundo como la mayor solución a esa necesidad. Más obreros. Esa fue Su respuesta. Esa es Su respuesta. ¿Quién amará a los vecinos difíciles que viven en su misma calle? ¿Quién cuidará de ese estudiante de secundaria deprimido del otro lado del salón de clases? ¿Quién perforará pozos de agua para los que están enfermos por el agua de mala calidad? ¿Quién rescatará a los que han sido traficados y esclavizados? ¿Quién luchará por los oprimidos? ¿Quién proporcionará soluciones sostenibles para los hambrientos? ¿Quién traerá alivio a las víctimas de los desastres naturales? ¿Quién proclamará el camino de la paz y la esperanza eternas?

Obreros. Los obreros que llevan la buena noticia de todo lo que Jesús ofrece son la solución a las necesidades que vemos a nuestro alrededor. Jesús es la única esperanza y respuesta a todos estos problemas, y los obreros son los que albergan a este Jesús viviente, acercándolo al mundo que los rodea. ¡Los trabajadores del Reino son la única solución!

De vuelta en ese país asiático restringido, mirando por las ventanas del autobús y experimentando esta carga desgarradora por los acosados e indefensos que tenía delante, oré, Señor, ¿quién irá? ¿Quién compartirá el mensaje del evangelio con ellos? ¡Dios, de alguna manera, de alguna manera, envía más obreros a este lugar!

Cada vez que escucho la palabra obrero, me imagino a los que van, a los que son enviados. Me imagino a los obreros como aquellos que se dedican a la tierra y el barro de los campos por el bien de la cosecha. Hacen lo que hay que hacer. Muestran perseverancia y resiliencia. No creo que los obreros de Jesús sean como los que corren buenas carreras de corta distancia sobre pavimento seco. Trabajar por el Reino de Dios se parece mucho más a una intensa carrera en lodo de larga distancia. Realmente creo que aquellos que trabajan por el Reino de Dios verdaderamente son corredores en lodo.

Siempre me sorprende ver a aquellos que viven como corredores en lodo, día tras día. Como mi amiga Mary. Mary es una mujer de la tribu Hadzabe que vive en una casa de adobe en un pequeño pueblo del este de África. Los Hadzabe (o Hadza) son una tribu nómada de personas que hablan un idioma de clic aislado, viven en chozas de cúpula y cazan con arcos y flechas venenosas. Tradicionalmente adoran al sol en el cielo y rezan a los espíritus ancestrales. Antes de 2014 no tenían iglesia, ni Biblia, ni discipulado en su idioma. ¡Habla de un pueblo en gran necesidad!

La historia ordinaria pero radical de Jesús de María comenzó en mi segundo viaje para visitar al pueblo Hadzabe. Mi amigo Nathan y yo nos aventuramos en la selva (también conocida como la jungla del este de África) con la visión de iniciar un movimiento de hacer discípulos entre esta tribu no alcanzada. Mary era la única

Hadzabe que sabía inglés y podía traducirnos, así que empezamos una relación. Cuando la conocimos, aún no tenía una relación con el Jesús vivo. Cuando comenzamos el ministerio a los Hadzabe, Mary se familiarizó íntimamente con cada mensaje que predicábamos. De hecho, ¡ella tradujo cada palabra! No pude evitar pensar que lo que estábamos enseñando y predicando comenzaría a hundirse en su corazón.

Un día le pregunté: "María, ¿estás lista para dar tu propia vida a Jesús?"

Ella respondió: "No, todavía no".

Unos días después y de la nada, Mary me miró y dijo: "Charlie, estoy lista. Quiero dar mi vida a Jesús hoy. Oremos esta noche".

Esa noche nos encontramos alrededor de una fogata en medio del monte y María entregó su vida a Jesús. ¡No teníamos idea de que la chispa que se encendió en ella pronto se convertiría en un incendio forestal!

Una semana después le pregunté a María: "Desde que has entregado tu vida a Jesús, ¿has escuchado que Él te hable algo? ¿Te sientes diferente de alguna manera?"

Ella respondió: "Sí. Ahora tengo esperanza en mi corazón y escucho a Dios que me dice: 'No tengas miedo de la dificultad, yo estaré contigo'". María se había acercado a la línea de salida, lista para avanzar. ¡Su carrera estaba comenzando! No pasó mucho tiempo antes de que María se diera cuenta de que Dios había diseñado una raza única para ella, deseando trabajar en su vida para los propósitos de Su reino. Un día, María vino a mí y me dijo: "Anoche, cuando me acosté, estaba orando por los Hadzabe, para que el evangelio llegara a todos ellos. Tuve un sueño y Dios me habló. Él dijo: 'Mary, comienza a enseñar en la aldea dirigida por Mambos'".

La semana siguiente, Mary comenzó a enseñar a las tribus Hadzabe en la aldea de Mambos, una aldea no alcanzada cerca de su casa. ¿Cómo empezó ella? ¡Mary compartió la Palabra de Dios con los aldeanos durante todo un día! Y su ministerio solo se ha expandido desde allí. Me ha asombrado la compasión de María por su pueblo. Ella no deja la compasión a Jesús. Lo lleva consigo cuando se acerca a los que más lo necesitan. Aunque ha vivido como una pobre madre soltera de dos hijos, no es raro encontrar a Mary alimentando a los hambrientos con sus pequeñas cantidades de comida, cuidando a los borrachos (sin importar a qué hora de la noche aparecen gritando: "¡Mary! ¡Mary! ¿Estás ahí? ¿Estás despierto?"), y compartir historias de Jesús con aquellos que nunca han escuchado. No deja de amar como ama Jesús, utilizando las herramientas cotidianas que Dios le ha dado. Mary ha decidido que las vidas rotas valen la pena. Ella está comprometida a ver a las personas como Jesús las ve. Está dispuesta a superar cualquier obstáculo que se le presente, haciendo lo que sea necesario para que más personas conozcan al Jesús vivo. Dios trajo esperanza a María. Ahora Él está trayendo esperanza a través de María. ¡Ella ha recogido sus zapatos para correr y se ha convertido en uno de los corredores de lodo de Dios! Dios no está simplemente buscando más pastores, líderes ministeriales o graduados de seminario. Está buscando gente más común para convertirse en corredores de lodo todos los días. Él quiere reclutar corredores dispuestos que amarán a Dios, amarán a los demás y harán discípulos en formas que utilicen su personalidad, dones y geografía únicos.

Los corredores en lodo están dispuestos a enlodarse. Siguen adelante incluso cuando golpea la adversidad. Como María, los corredores de lodo se dan cuenta de que Jesús estará con ellos en cualquier dificultad y que nunca corren la carrera solos. No importa el costo, los corredores en lodo hacen lo que sea necesario para hacer el trabajo y terminar la carrera.

Jesús está buscando más corredores de lodo con el corazón y el valor de María para hacer avanzar Su reino. Mientras no seas María, Dios usará todas las formas maravillosas en las que te ha diseñado creativamente para correr por el barro. Solo necesitas decir con todo tu corazón: "¡Sí, Jesús, me apunto! ¡Correré la carrera!".

Tu carrera está delante de ti (¡quizás ya ha comenzado!). Dios tiene una carrera específica establecida para que corras. Dios te está esperando. Y el mundo te está esperando. ¡Los heridos, los sucios, los moribundos, los desesperados, los perdidos, los acosados, los indefensos y los desesperanzados están esperando a un fanático amante de Jesús que se acercará, los mirará a los ojos y les ofrecerá el mensaje compasivo de esperanza, amor y perdón de Jesús, ¡propósito y vida!

Si Jesús acercara una silla a nuestra típica reunión de oración o estudio bíblico, podría escucharnos pedir oración por una variedad de cosas: por el éxito en nuestra presentación esa semana, por salir bien en un examen, por un día divertido y cómodo, por una oferta de casa para comprar, para nuestro gato enfermo, o lo que sea.

Pero si le preguntamos a Jesús, "¿Cuál es tu petición de oración?" Me imagino que inmediatamente y con celo nos exhortaría: "¡Alzad vuestros ojos y ved los campos que ya están blancos para la siega...Por tanto, rogad al Señor de la mies que envíe obreros a su mies"! (Juan 4:35; Mateo 9:38).

Sorprendentemente, en realidad podemos convertirnos en la respuesta a la petición de oración de Jesús. ¡Es hora de que comencemos a vivir el mismo latido de su corazón! ¿Te convertirás en la respuesta a la petición de oración de Jesús? ¿Te unirás a la carrera?

¿Ahora qué?

- ¿Has comenzado la carrera de hacer avanzar el Reino de Dios en tu vida diaria?
- ¿Si digo que sí, en qué formas? Si no, ¿por qué no?
- ¿Qué crees que es único acerca de la raza específica que Dios tiene para ti?
- ¿Qué paso de acción específico tomarás esta semana para vivir como un corredor de lodo?

TRES
EL SUSURRO

EN LA ESCUELA secundaria era luchador y corredor de campo traviesa. El entrenamiento para la temporada de lucha libre combinó mi amor por ambos deportes cuando nuestro entrenador nos enviaba a correr ¡doce millas a través de un cañón cercano. . . todo cuesta arriba! Fue toda una hazaña de conquistar. Pasé meses entrenando solo para esa carrera específica. Pero cuando pienso en algunos de los eventos de carrera más significativos de mi vida, primero me vienen a la mente otras dos experiencias.

En una de esas ocasiones, estaba dirigiendo un equipo de estudiantes de secundaria en un viaje misionero a África Occidental. Desafortunadamente, ¡una mala comida local me estaba causando problemas estomacales urgentes! De camino a casa, hicimos una escala en Bruselas, Bélgica. Nuestro avión aterrizó y salimos. Empecé a sentir los impulsos gruñones de abajo. ¡Necesitaba un baño y rápido! Entonces, siguiendo los símbolos internacionales del baño a lo largo del pasillo del aeropuerto, corrí a los baños. Una mujer mayor con gafas gruesas y una conducta estoica estaba parada junto a un mostrador frente a una puerta. Ella estaba vigilando los baños.

La mujer declaró: "Cuesta medio euro usar los baños".

Le pregunté: "¿Aceptará dólares estadounidenses? Eso es todo lo que tengo.

"No. Solo aceptamos moneda local, pero arriba hay un banco de cambio".

Inmediatamente di media vuelta y subí corriendo las escaleras. ¡Los gorgoteos continuaron!

Cuando llegué al banco de cambio, el letrero en la puerta decía Cerrado.

Bajé corriendo las escaleras hacia los baños.

Le supliqué con urgencia a la mujer: "Por favor, déjame usar tus baños. ¡Tengo que irme ahora mismo! El banco de cambio está cerrado y no tengo más dinero. Lo resolveré después". El tiempo se estaba acabando.

Ella no se inmutó. "No. Tu debes pagar." (¡Aparentemente, a ella no le importaba una mierda!)

El pánico se apoderó de mí. Quiero decir, no es como si estuviera solo. ¡Tenía que liderar un equipo de jóvenes! ¡¿Qué podría hacer para evitar un desastre total?! Corrí escaleras arriba a una cafetería abierta y grité: "¿Alguien tiene algo de dinero que me pueda prestar? ¿Incluso unas pocas monedas? necesito usar el baño de inmediato. ¡No tengo monedas para pagar y el banco de cambio está cerrado! ¿Alguien puede ayudarme?"

Me sentí como un tonto, pero la alternativa era mucho peor. Afortunadamente, alguien me entregó algunas monedas.

Bajé corriendo las escaleras, lanzándome rápidamente hacia los baños, dándole a la mujer algo de dinero en el camino. ¡Apenas lo logré! Digamos que es probable que sin querer destruya ese inodoro.

Después de tirar de la cadena y volver a salir por la puerta del baño, la mujer severa y rígida se acercó y miró dentro. Rápidamente me lanzó una mirada horrorizada de disgusto. Todo lo que pude hacer fue encogerme de hombros, sonreír y seguir caminando.

Nadie necesitaba convencerme de la importancia de correr al baño en ese momento. Lo sabía.

¡Otra memorable ocasión de correr me obligó a huir de algo!

Mi amigo Nathan y yo, junto con nuestra compañera de ministerio Mary, acabábamos de terminar de compartir historias bíblicas con un hombre de una tribu Hadzabe en el este de África. Dejamos la cabaña del hombre y comenzamos la caminata de quince minutos de regreso a nuestras tiendas. El sol ya se había puesto. Linternas en mano, escaneamos el paisaje mientras viajábamos. Ocasionalmente, nuestra luz se reflejaba hacia nosotros cuando se encontraba con los ojos de varios animales. La mayoría de lo que vimos fueron dik-diks, que son básicamente pequeños ciervos africanos que miden de uno a dos pies de altura en el mejor de los casos.

Mientras caminábamos, pensé: ¡¿Qué tan bueno sería si pudiéramos cazar a uno de estos animales y traerlo de regreso a la aldea?! Tal vez podríamos convertirnos en cazadores aceptados entre ellos. ¡Y podríamos festejar esta noche!

Le sugerí a Nathan que mi fantasía se hiciera realidad, ¡y comenzó la caza! Armados con simples arcos tribales, flechas y un garrote de madera hecho a mano, continuamos escaneando el paisaje con nuestras linternas, en busca de más globos oculares reflejados en la noche.

Desafortunadamente, la gran cacería pronto se volvió poco aventurera. La mayoría de los animales se alejaron corriendo de nosotros, zigzagueando de izquierda a derecha tan pronto como la luz los expuso. Pero entonces, uno no corrió. El animal estaba escondido en un arbusto. A diferencia de los otros, los globos oculares de éste parecían mucho más grandes. Y no estaba corriendo, lanzándose o zigzagueando. A medida que nos acercábamos, quedó claro que fuera lo que fuera, tampoco se estaba saliendo del arbusto.

Cuando estuvimos a una distancia de un automóvil del animal en el arbusto, un gruñido espeluznante zumbaba desde el arbusto. Me di la vuelta para ver si Mary podría darnos una idea de la fuente de tal estruendo de tono bajo. Mary no estaba allí. Corría en la otra dirección gritando por encima del hombro: "¡Corre! ¡Es un león!".

Mary no tuvo que decirlo dos veces. Con toda la adrenalina comprometida, corrimos en dirección a Mary.

"¡Debemos regresar corriendo al campamento y encender un fuego!" instruyó María.

¡Y vaya que corrimos! Los tres corrimos todo el camino hasta nuestras tiendas, rápidamente encendimos un fuego y lo alimentamos con maleza. En guardia y de espaldas al fuego, nos asomamos a la oscuridad que rodeaba nuestro campamento. Cada pequeño ruido atrapó nuestros oídos. Cada rayo de luz nos preocupaba. Oramos para que Dios nos protegiera. Con el tiempo, las tensiones disminuyeron y pudimos descansar. La capacidad de correr en esa noche de aventuras resultó ser de vital importancia, ¡mucho más que una excursión de doce millas por el cañón para ponerse en forma!

Puede que no te encuentres corriendo al baño o huyendo de un león, pero todos tenemos una carrera que correr, una "carrera que nos ha sido propuesta" por Dios mismo (Hebreos 12:1). ¿Cómo son tus habilidades para correr? ¿Has comenzado la carrera? ¿Estás aguantando?

¿Cómo es tu resistencia al correr? Cualquiera que sea nuestro ritmo en varias estaciones y en cualquier lugar del mundo en el que nos encontremos, correr es importante. Y a veces esta carrera requiere una perseverancia constante. La verdadera perseverancia y la determinación del reino te mantendrán en marcha cuando todo lo que quieras hacer sea rendirte.

Recuerdo una noche, mientras nos enfrentábamos a la gente Hadzabe, cuando quise desesperadamente abandonar la carrera.

Quería retirarme, rendirme, rendirme e irme a casa. no podía dormir. Era tarde por la noche, pero abrí la cremallera de la tienda y caminé hacia la selva africana. Durante la última semana o dos habíamos experimentado golpe tras golpe de dificultad y oscuridad.

Nuestro coche se había averiado en medio de la nada.

Nuevos "discípulos" habían desertado de nuestras reuniones de historia bíblica por cinco días enteros de borrachera (me refiero a desmayados, sucios, que no podían ponerse de pie, borrachos boca abajo en el suelo).

Los niños de Mary habían sido excluidos de su casa de adobe por su engañosa abuela borracha que los dejó llorando de hambre.

Una mujer había entrado corriendo en nuestro campamento gritando de miedo y dolor mientras la sangre le corría por el brazo, goteando en el polvo. Había sido atacada por un hombre que le exigió que le preparara una comida. Ella cocinó, pero a él no le gustó la comida. Así que la agredió.

Fuimos testigos de la muerte de una joven Hadzabe.

Como dije, fue una semana muy difícil. El horizonte aparecía oscuro y sombrío, y yo quería renunciar.

Mientras caminaba en la oscuridad de la noche, oré en voz alta mientras echaba humo de ira y frustración: "¡Señor, nada de esto parece estar funcionando! ¿Estamos perdiendo el tiempo? Estamos invirtiendo todo nuestro tiempo equipando a estas pocas tribus que te dijeron sí, Jesús. ¡Pero ahora han estado borrachos durante cinco días seguidos! ¡Y qué hay de la niña que murió frente a nuestros ojos! sigo sin entender. ¿Por qué permites que suceda todo esto?

¿Estamos teniendo algún impacto aquí? ¿Deberíamos rendirnos ahora, hacer las maletas e irnos a casa?

Mientras deambulaba por los arbustos fuera de nuestro campamento, todo se sentía desesperado. Todos los obstáculos parecían insuperables. Se sentía como si hubiéramos estado corriendo a través de una jungla solo para caer en arenas movedizas, y ahora estábamos hasta el cuello en imposibilidades fangosas.

Y aún así . . .

¿Por qué nos sorprendimos tanto?

Correr la carrera y pisar el barro van de la mano. No es la excepción, es la norma. ¡Es de esperar!

Cuenta con ello: mientras corremos esta carrera, ¡nos encontraremos con lodo! si no lo has hecho

ya, tenlo por seguro, vendrá el barro. Puedes resbalar y deslizarte. Lo más probable es que te hundas un poco más de lo que esperas. A veces, el barro se apoderará de ti y tratará de detenerte.

Incluso podrás preguntarte por un momento, ¿Lo lograré? Es posible que estés corriendo lo mejor que sabes y todavía te quedes atascado con pensamientos turbios como ¿Adónde voy? ¿Soy un inútil? ¿Puede Dios realmente usarme? ¿Hay algún propósito en correr esta carrera?

Tal vez por eso se nos insta a que "corramos con paciencia la carrera que tenemos por delante" (Hebreos 12:1I, las cursivas son mías). Mientras corremos, la perseverancia será necesaria. El sendero se mojará, se volverá resbaladizo, viscoso y resbaladizo. Y sí, por momentos, estaremos totalmente embarrados.

¿Cómo podemos seguir adelante en medio del lodo? ¿Cómo podemos convertirnos en aquellos que corren a través de él? Más aún, ¿cómo podemos convertirnos en aquellos que aceptan el desafío del barro? ¿Cómo podemos ir más allá de vivir esquivando el lodo para convertirnos en verdaderos corredores de lodo?

Mientras deambulaba solo en la oscuridad esa noche sintiéndome impotente, sin esperanza y atrapado en un lodo espeso, miré hacia el cielo y tomé nota de algo que lo cambió todo.

Vi varias estrellas brillantes que formaban la forma de una casa. Junto con la imagen inspirada por Dios en las estrellas, estas palabras resonaron en mi corazón: "Charlie, no te preocupes. Construiré mi casa entre el pueblo Hadzabe".

Aunque llegaron como una voz suave y apacible, estas palabras eran frescas, estables, fuertes y llenas de paz cuando entraron en mi mente.

Ciertamente no fueron mis palabras. ¡Sabía sin lugar a duda que eran del Señor!

A través de este mensaje en las estrellas, ¡Jesús me estaba dando un susurro para continuar! "¡Sigue adelante, Charlie! Tengo esto controlado. Haré que suceda". Inmediatamente me llené de paz, confiando en que Dios se saldría con la suya, pude seguir. Incluso pude abrazar la dificultad, la oscuridad y la imposibilidad que parecían mirarme a la cara. Ya no importaba. Jesús era más grande que todo eso, y yo estaba corriendo la carrera que Él había puesto específicamente al frente de mí.

Hebreos 12 nos da una idea de abrazar el barro. Somos animados a convertirnos en corredores de lodo mirando a Jesús y considerando a Jesús, ¡que soportó el lodo! De esta manera no nos cansaremos ni desanimaremos (Hebreos 12:2–3). Esta es la clave para el avance del reino.

Jesús es el que te llevará a través de toda circunstancia. ¡Él está allí contigo en la carrera y no se apartará de tu lado! En el lodoso valle de la muerte, no lo pierdas de vista. Quita tus ojos de la imposibilidad y fíjalos en Aquel que soportó y venció. Busca Su susurro que da vida. Para convertirte en un corredor de lodo, debes mirar al Corredor de lodo original, ¡Jesús mismo!

Que llegues al final de tu carrera y escuches a Jesús decir, por embarrado que estés: "¡Bien hecho, buen y fiel corredor! Corriste bien la carrera que te propuse.

Mientras tanto, aguanta. Escucha el susurro de Jesús dciciendo "sigue adelante". Llegará el barro, pero también la línea de meta. Entonces, mira a Jesús. ¿Captaste eso? Mira a Jesús. ¿Entiendes? ¿Estás seguro? ¡Mira a Jesús!

¿Ahora qué?

- En medio del lodo, estos pensamientos negativos comenzaron a asaltar mi mente: ¿Adónde voy? ¿Soy un inútil? ¿Puede Dios realmente usarme? ¿Hay algún propósito en correr esta carrera?¿En qué manera las dudas y sentirte inadecuado tienen a colarse en tu mente y alejarte del propósito de Dios para tu vida?
- ¿Cuándo has querido renunciar y renunciar a Dios y la vida? ¿Qué te ayudó a seguir adelante?
- A partir de esta semana, ¿cómo comenzarás a mirar a Jesús en todo lo que haces?

CUATRO
AUTORIDAD RADICAL

NATHAN ACABÓ RÁPIDAMENTE SU ALMUERZO, salió de la granja y recogió una pala. Se dirigió a una zanja donde uno de los lugareños estaba cavando. Sin una palabra, Nathan se unió al trabajador para profundizar la zanja.

Mirando al campo, me pregunté qué estaría haciendo Nathan. No solo estaba cavando, Nathan parecía estar hablando, un evento extraño dado que sabía que no hablaba el idioma local. ¿Qué podría estar diciendo? Sin duda, Nathan estaba despertando mi curiosidad. Disfruté la maravilla junto con mi sopa y salí a completar la jornada laboral.

Más tarde esa tarde, le pregunté a Nathan: "¿Qué estabas haciendo ahí afuera con ese trabajador antes?"

"Sentí que Dios quería que sirviera a ese hombre cavando con él", respondió Nathan. "Y mientras lo hacía, Dios me impulsó a orar en voz alta todo el tiempo. Oré por su país, por el hombre, su familia, y que cada uno de ellos llegara a conocer a Jesús". Nathan hizo una pausa y luego agregó: "Seguí orando mientras escarbábamos".

Mientras Nathan y yo continuábamos hablando, uno de los

trabajadores agrícolas no locales que hablaba inglés se acercó para unirse a nosotros.

"Nathan", dijo, "me di cuenta de que estabas cavando una trinchera con el Sr. Park. ¿Tuviste buenas conversaciones con él?

"¿Qué quieres decir?" Nathan respondió con un poco de asombro en la cabeza.

"Él es uno de los pocos lugareños aquí que sabe inglés".

"¡Guau! ¿Hablas en serio?" respondió Natán. "¡Eso es una locura! ¡La verdad es que nunca tuvimos una conversación porque asumí que no sabía inglés! Simplemente estaba obedeciendo lo que el Señor me había instado a hacer".

El encuentro de Nathan con el trabajador ese día fue significativo. Si bien la conversación fue dirigida por Dios e igualmente conmovedora, las oraciones de Nathan en voz alta y entendidas sin saberlo invitaban a un gran riesgo. Nathan y yo habíamos sido voluntarios junto con los residentes locales en posiblemente el país más peligroso y restringido para los cristianos. Este no es un lugar fácil para compartir el evangelio, y aquellos que son sorprendidos haciéndolo enfrentan consecuencias extremas. Por lo tanto, la oportunidad del reino en este lugar es increíblemente rara, pero aún así, Jesús orquestó una increíble puerta abierta para que Nathan entrara por ella.

Cuando empezamos a considerar viajar a este país, no pensé que sería posible. No estaba seguro de que su régimen comunista restrictivo permitiera la entrada a alguien de un país libre, y mucho menos a alguien que es cristiano. Sin embargo, cuanto más leía sobre lo que estaba sucediendo allí, las violaciones extremadamente violentas de los derechos humanos, así como el miedo y la vergüenza inducidos políticamente, y el poco acceso que la gente tenía al evangelio, más me sentía atraído por ir. Mientras oraba por el país, sentí que Dios tiraba de mi corazón y me impulsaba a continuar el viaje.

¡Con el tiempo descubrí que ir era posible! Aún así, incluso con tan buenas noticias, comencé a evaluar el riesgo. Mi cabeza daba vueltas con todo tipo de precauciones: ¿Deberíamos realmente ir a este lugar? ¿No es un poco arriesgado? ¿Quiénes somos nosotros para ser los que vamos a un lugar como ese? Sabía que valía la pena correr cualquier riesgo por el evangelio, pero decir en voz alta: "Vamos a hacer un viaje a uno de los países más peligrosos y restringidos del mundo", me produjo cierta inquietud.

Este país le estaba diciendo al mundo: "¡No nos traigan el evangelio!"

Personas a quienes respeto me decían: "Charlie, no vayas. Es demasiado arriesgado. No parece prudente ir.

Pero sabía que debía buscar la voluntad de Dios por encima de todo. Él es, de hecho, el que tiene toda la autoridad, lo que significa que Él está a cargo de todo (Mateo 28:18). Él debe ser a quien obedecemos antes que a todos los demás.

Así que oré. Dios, quiero estar seguro de que nos estás llamando a ir a este país. No quiero simplemente saltar por un capricho aventurero. Señor, así como Gedeón te buscó para saber con confianza que lo que estaba por emprender era idea tuya y no suya (Jueces 6), ¿me darías una señal de que realmente eres Tú quien me habla?

En ese momento estaba soltero. Mi esposa y yo nos conocíamos, pero en ese momento éramos simplemente amigos. Había compartido un poco con ella sobre el país y cómo estaba considerando ir allí. Nunca le pedí que orara por eso. Nunca pedí una respuesta. Solo le compartí lo que estaba pensando. Poco sabía en ese momento que Dios la usaría como la respuesta a mi oración.

Había orado por una señal. Al día siguiente, Dios usó a mi entonces futura esposa para que me trajera la confirmación del viaje que necesitaba.

"Normalmente no hago esto", dijo, "pero necesito decirte algo".

"¿Qué es? Siéntete libre de decirme".

"Tuve un sueño anoche. Vi a una mujer hablar y dijo: 'Charlie y Nathan tienen una carga por ese país por una razón'. No estoy seguro de si eso significa algo para ti, pero sentí que Dios quería que lo compartiera".

"¡Esto es increíble! ¡Apenas puedo creer esto!" declaré. "Estaba orando ayer para que Dios me diera una señal de que realmente es Él quien me habla, y que confirmaría si realmente se supone que debemos hacer este viaje o no. Eso es todo. ¡Supongo que nos vamos! El que tenía toda la autoridad había hablado.

No sabía que para cuando Nathan y yo estuviéramos en ese país, estaría comprometido con mi esposa. Dios sabía que mi prometida también necesitaría una palabra fuerte de Él sobre este viaje. Ella tendría que estar de acuerdo con él para despedirme en paz, sabiendo perfectamente los riesgos involucrados. En la soberanía de Dios, Él hizo precisamente eso. ¡Estaba empezando a ver destellos de Su poder y autoridad obrando entre nosotros! Él realmente estaba a cargo de todo, y todavía lo está.

La autoridad naturalmente exige sumisión. ¡Solo tomaríamos riesgos intensos para obedecer a alguien con una autoridad increíble! Pero autoridad también connota el que supervisa algo. Y solo Aquel que tiene toda la autoridad, que supervisa todo el universo, podría unir todas las piezas del rompecabezas de una manera tan poderosa.

Las Escrituras declaran que después de que Jesús resucitó de entre los muertos, se sentó a la diestra del Trono de Dios sobre todo principado, sobre toda autoridad, sobre todo poder, sobre todo señorío, y se le dio el nombre que está sobre todo otro nombre. (Efesios 1:20–21)! ¡Jesús tiene toda la autoridad! Su autoridad sobre el cielo, la tierra y todo lo demás realmente brilla tanto en situaciones urgentes e importantes como en pequeños momentos a lo largo del camino. Jesús está a cargo de la gran visión y los pequeños detalles de nuestras vidas. Nada existe fuera de Su alcance. No hay nada demasiado grande para Jesús. No hay obstáculos ni estorbos que no podamos vencer con el que tiene toda la autoridad. Solo tenemos que mantener nuestros ojos espirituales abiertos para ver esta realidad.

Recuerdo un momento en que Nathan y yo esperábamos un

vuelo con múltiples conexiones complicadas próximas. Mientras miraba la pantalla sobre los asistentes, el retraso siguió creciendo. No sería bueno si este retraso nos hiciera perder nuestro próximo tramo de vuelos. ¡Los retrasos y los cambios en los vuelos internacionales son todo un calvario! Finalmente abordamos el avión y esperamos lo mejor.

Tan pronto como las ruedas tocaron la pista, encendí mi teléfono y esperé ansiosamente una conexión celular. ¡Timbre! El mensaje apareció en mi pantalla: "Su vuelo de conexión ya salió". Mi corazón se hundió.

La noticia fue desalentadora, pero algo dentro de mí me dijo: "Solo corre a tu próxima puerta y mira qué sucede". Nathan y yo corrimos por el aeropuerto durante casi una milla. Mientras nuestros corazones latían con fuerza y nuestras mentes se aceleraban preguntándose qué podría pasar, vimos el letrero de nuestro vuelo. Se sintió como un avistamiento milagroso: ¡nuestro avión todavía estaba allí!

Resoplando, resoplando y sin apenas aliento para hablar, nos acercamos a la puerta y sacamos nuestros boletos. El asistente de la puerta, como si supiera toda nuestra terrible experiencia, dijo con alegría: "¡Bienvenidos a bordo, lo lograron! Son los dos últimos en abordar el vuelo.

Un mensaje de desaliento. Una indicación para correr. Una misión salvada. ¿Coincidencia? No me parece. ¿Dios sostuvo ese avión solo para nosotros? Tal vez. No lo dejaría pasar. Esto es lo que sé sin lugar a dudas: ¡Jesús tiene toda la autoridad, y como el Dios que gobierna el universo, ciertamente puede sostener cualquier avión, en cualquier momento, para cualquier persona, para los propósitos de Su reino!

La autoridad de Dios realmente marca la diferencia: en cosas pequeñas (simplemente llegar a nuestro avión) y cosas grandes (abrir puertas para ver el Evangelio proclamado en los lugares más difíciles del mundo), y todo lo demás. Él tiene autoridad sobre cada centímetro transitable del globo terráqueo, y sobre cada centímetro no transitable también. Tiene autoridad en lo tangible e intangible, en lo físico y en lo espiritual. Jesús está a cargo de todo. Él tiene toda la autoridad. Y hace toda la diferencia.

Cuando Jesús llamó por primera vez a sus discípulos, los llamó a su misión, a convertirse en "pescadores de hombres" (Marcos 1:17). Justo después de llamarlos, lo primero que Jesús les ejemplificó fue Su autoridad (véase Marcos 1:17–28). Y justo antes de ascender, lo último que Jesús dijo a sus discípulos fue: "Toda autoridad me ha sido dada en el cielo y en la tierra. Id, pues, y haced discípulos de todas las naciones," (Mateo 28:18–19).

Jesús vinculó su misión con su autoridad al principio y al final. Por lo tanto, Su autoridad debe marcar la diferencia en lo grande, lo pequeño y en todo lo demás, no solo para ellos sino también para nosotros.

A medida que nos adentramos en el propósito único de Dios para nuestras vidas y salimos por la causa de Su reino global, surgirá oposición. La oscuridad se opondrá a Sus propósitos. La gente resistirá sus planes. Sin embargo, no importa lo que venga en contra, debemos obedecer a Dios antes que a los hombres (Hechos 5:29).

Él es a quien debemos rendir cuentas. Él tiene toda autoridad en el cielo y en la tierra. Por lo tanto, debemos mirar primero a nuestro Rey quien tiene toda la autoridad en nuestras vidas. ¡Pero podemos estar seguros de que ninguna persona, ningún plan y ningún poder pueden detener a Jesús! Y este Jesús es el que supervisa cada detalle de nuestra vida.

Aventurándose en un país restringido, el impulso de Nathan de excavar y orar por el lugareño que "por casualidad sabía inglés", el sueño misterioso de mi esposa, un impulso silencioso para correr hacia un "vuelo perdido": todos estos declaran que Jesús, el que tiene toda autoridad, está realmente a cargo de todo, ¡sin importar las circunstancias!

Incluso me aventuraría a llamar a Su autoridad una autoridad radical.

¿Has estado viviendo con una perspectiva confiada basada en la

autoridad radical de Jesús? ¿Qué diferencia podría hacer Su autoridad en tu vida?

¿Ahora qué?

- ¿Cómo has entendido, o cómo habrías descrito, la
  autoridad de Jesús hasta este momento de tu vida?
- ¿Te encuentras viviendo más a menudo para la
  aprobación y las demandas de los demás (que intentan
  ejercer su propia "autoridad" sobre ti) o viviendo
  simplemente para la aprobación de Dios?
- ¿Qué diferencia hace en tu vida entender que Jesús tiene
  toda la autoridad? Tal vez hay una situación en tu vida
  que parece imposible o desalentadora. ¿Qué pasa si le
  preguntas al que tiene toda la autoridad cómo ve Él esta
  situación; ¿Qué podría mostrarte

CINCO
¿CONSTREÑIDO POR...?

"¡ESPERA! ¡PARA EL AUTO!" exclamé. "Antes de bajar al otro lado de estas montañas, debemos detenernos en este pueblo".

Sentados en el Land Cruiser, debatimos: ¿compartir el mensaje de Jesús con este pueblo en el camino o movernos rápidamente al pueblo al final del otro lado?

"Simplemente no tengo paz para quedarme aquí", afirmó Nathan.

Contrapunté con un compromiso. "¿Qué pasa si hacemos esto: pasar un día en este pueblo para compartir el evangelio y al día siguiente seguir nuestro camino?"

Hasta este momento, nos habíamos alojado en un pequeño pueblo incrustado entre esta cadena montañosa y un lago salado de gran tamaño. Dios había cargado nuestros corazones con un pueblo justo al otro lado de la cordillera. Así que habíamos comenzado el viaje. Mientras conducíamos a través de arbustos, árboles y rocas, habíamos llegado a nuestra ubicación actual en la cima de la montaña. El pueblo cercano estaba misteriosamente ubicado detrás de rocas, enredaderas y todo tipo de árboles y arbustos que estaban entrelazados. Era increíble que un coche pudiera pasar por este lugar.

Cuando nos detuvimos, salté del Land Cruiser. "Regresaré en unos minutos. Tenemos que orar", le dije a Nathan, Mary y Emmanuel.

Necesitábamos la dirección del Señor. Pensé que caminar y orar podría ayudar. Sin embargo, decidí no alejarme demasiado para no convertirme en la respuesta a la oración de la cena de un león, un elefante, una manada de hienas o alguna otra bestia salvaje. Lentamente, caminé mientras oraba intensamente: "Señor, ¿quieres que vayamos directamente a la siguiente aldea o pasemos más tiempo aquí?"

Escuché la respuesta de Dios. Momentos después, estas palabras inundaron mi mente: "Humanamente tiene sentido quedarse y compartir. Pero quiero que pases el pueblo y sigas. Parecía que el Espíritu de Dios nos estaba guiando a algo mucho más allá de mi visión o ideas.

Regresé al auto. —Me equivoqué, Nathan —confesé—. "Habiendo orado, creo que Dios quiere que sigamos adelante. Así que sigamos moviéndonos". Continuamos nuestra aventura por el monte.

El terreno accidentado hizo que el viaje fuera largo, pero al final del día llegamos al pueblo al otro lado de la cordillera. A medida que nos acercábamos, Mary se acercó para darnos instrucciones. "Necesitamos obtener el permiso del líder de la aldea para permanecer en el área y compartir con la gente".

"Está bien, vamos a buscarlo", acepté.

Caminamos hasta la cabaña del líder de la aldea. Si bien no tenía idea de lo que sucedería a continuación, se convirtió en un momento del reino que nunca olvidaré.

Los jefes de aldea tienen control absoluto en sus aldeas: quién viene, quién va, qué sucede y qué no. Ellos son los que están a cargo. En otras palabras, el jefe de la aldea tiene toda la autoridad de la aldea. Este jefe de aldea no era diferente. ¿Y cuál fue su veredicto a nuestra petición? Exigió: "¡Para quedarte debes pagar!"

Aquí está el problema que tuvimos con su ultimátum. Sabíamos que el dinero que pagaríamos se destinaría directamente a cosas que quitan la vida, no que la dan. Éramos muy conscientes de para qué usaban a menudo tales pagos: borracheras bebiendo licor casero de otras tribus y drogarse.

Empezó el dilema. ¿Deberíamos pagarles o de alguna manera retener el dinero? ¿Valió la pena el costo? Nathan, Emmanuel, Mary y yo discutimos las posibles soluciones y elaboramos un plan que creíamos que satisfaría al jefe de la aldea.

"Le daremos a cada familia que venga a nuestro campamento un balde de harina de maíz para la alimentación así como una biblia en audio", ofrecimos. "Nunca has tenido la Biblia en tu idioma, y hay historias bíblicas recién traducidas en estos reproductores. Nos gustaría dar estos regalos a cada familia si nos permite quedarnos".

El jefe de la aldea permaneció en silencio. Ladeó la cabeza ligeramente hacia la izquierda y luego hacia la derecha como si estuviera sumando números en su cabeza. Tomada su decisión, respondió a Mary en su lengua materna.

Mary entregó su veredicto al resto de nosotros: "Él no está de acuerdo".

Parecía que estábamos en una situación imposible. ¿Qué podríamos hacer? Este era claramente el pueblo al que el Espíritu de Dios nos había llevado. Pero la puerta parecía cerrada. Más exactamente, se sentía tapiado y cerrado con cerrojo.

"¿Qué vamos a hacer?" Le pregunté a nuestro equipo. "Mary, tú tienes la mayor experiencia con estas situaciones. ¿Tienes alguna idea?"

No sabía que un momento del libro de los Hechos estaba a punto de desarrollarse ante nuestros propios ojos. Mary, una mujer introvertida, menuda y de voz suave que es igualmente gentil, humilde y amable, levantó la cabeza, miró fijamente al jefe de la aldea y se dirigió a él con convicción en su voz.

"Está bien", le dijo Mary al hombre que poseía menos autoridad de la que él sabía. "No te pagaremos. Simplemente nos iremos. Pero quiero que sepas algo..."

Mary captó no solo la atención del jefe sino también su curiosidad. "No solo nos ahuyentarán", continuó, "sino que ahuyentarán al Espíritu Santo que vive dentro de nosotros. ¡Y seguramente no querrás hacer eso!"

La respuesta de Mary me dejó anonadado. Mary, pensé, ¿estás bromeando? ¡Nunca te había visto tan feroz! ¿De dónde viene toda esa audacia? ¿En serio le acabas de decir algo así a un jefe? ¿Tenemos que salir rápidamente de aquí?

Con mi cabeza todavía dando vueltas por los eventos del momento, respondió el jefe. Su tono y comportamiento cambiaron de rumbo. "Está bien, no hay problema", ofreció. "Ustedes pueden quedarse y hacer lo que quieran".

Más tarde esa noche, le pregunté a Mary: "¿De dónde sacaste esa respuesta? ¿De dónde vinieron esas palabras?"

"Sentí que el Espíritu Santo subía dentro de mí. Es como si las palabras burbujearan dentro de mí, y el poder de Dios me dio la capacidad de pronunciarlas al líder de la aldea".

El Espíritu Santo llevó a María fuera de las cuatro paredes de su hogar y mucho más allá de su zona de confort. ¡Seguramente Él tenía algo bajo la manga!

Dios había hecho una manera de entrar en este pueblo después de todo. Una por una, las provisiones comenzaron a caer en su lugar. Un hombre amablemente nos permitió quedarnos cerca de su choza. Instalamos nuestras tiendas, encontramos tres rocas para hacer un fuego para cocinar y comenzamos a preparar la cena para la noche.

A la mañana siguiente, una multitud comenzó a formarse alrededor de nuestro campamento. Ya se había corrido la voz de que teníamos comida gratis y Biblias en audio. La gente vino de todas partes para conocernos y recibir comida para llenar sus estómagos. Lo que no sabían es que muchos de ellos también encontrarían la satisfacción que anhelaban espiritualmente.

Mientras muchos tribales se reunían a nuestro alrededor, comenzamos a predicar el Evangelio. Sabíamos que esta tribu adoraba al sol como su dios tradicional. Entonces, les contamos la historia de Jesús desde la creación hasta la cruz: cómo resucitó de entre los muertos y que cualquiera que siga a Jesús puede tener una relación con el Dios vivo, tanto ahora como por la eternidad.

"Este Dios que les anunciamos creó el sol", les dijimos. "Dios es más alto que el sol. Si quieres creer en Jesús, ya no debes adorar al sol, sino solo adorar a Jesús".

Concluimos el mensaje con una invitación a la multitud reunida. "¿Quién quiere dejar de adorar a Ishoko [el nombre de su dios sol] y empezar a seguir a Jesús?" preguntamos. La invitación hizo eco de la oferta de Jesús a sus primeros discípulos cuando dijo: "Ven y sígueme".

Alguien en la multitud habló. "¡Todos queremos seguir a Jesús!"

"Esto no es algo que puedas decidir por todos", le dijimos al bien intencionado hombre. "Aquellos de ustedes que son realmente serios acerca de dar su vida a Jesús, pasen al frente de todos aquí".

La gente comenzó a acercarse de manera aleatoria. Según nuestro recuento, once personas Hadzabe dieron un paso al frente. Eran serios en su entrega a Jesús. Todos oramos juntos cuando comenzaron una nueva amistad con Jesús, por quien, y para quien todas las cosas fueron hechas, incluso el sol (Colosenses 1:16).

Terminamos nuestra oración cantando "He decidido seguir a Jesús", que recientemente se había traducido al idioma Hadzabe. Mientras cantábamos juntos estas verdades, había una anciana al borde de la multitud apoyada contra el tronco de un árbol baobab. Las lágrimas comenzaron a correr por sus mejillas. Parecía que esta mujer estaba experimentando una paz como nunca antes la había experimentado: la paz de Jesús que supera cualquier cosa que podamos entender lógicamente. Jesús se apoderó de su vida y cambió su corazón en un instante. Este único momento afectaría la eternidad.

Dos de los jóvenes que dieron su vida a Jesús comenzaron a pasar más tiempo con nosotros esa noche. Eso era exactamente lo que esperábamos. Mientras Jesús predicaba a las multitudes, también multiplicó los seguidores a través del tiempo de cerca con unos pocos. Nosotros deseábamos hacer lo mismo. El hambre espiritual de estos jóvenes me asombró. Era mucho más grande que cualquier hambre espiritual que había encontrado entre la tribu Hadzabe. Compartimos tiempo alrededor del fuego esa noche enseñándoles más y más sobre la vida con Jesús.

Antes de que terminara nuestra noche y nos dirigiéramos a nuestras tiendas, uno de estos jóvenes compartió su gratitud. "Ojalá tuviera más tiempo contigo", dijo, "pero debo irme ahora, porque mañana por la mañana viajaré a otra región para trabajar en una granja".

Dios Todopoderoso conocía todos los detalles. Dios sabía que este joven Hadza lo necesitaba desesperadamente. Dios sabía que tenía hambre espiritual y buscaba más. Dios sabía la urgencia que debíamos tener para llegar a este pueblo por el bien de la vida de un hombre. Si nos hubiéramos detenido en el otro pueblo en el camino, nos habríamos perdido por completo conocer a este hombre. Es probable que nunca hubiera escuchado el Evangelio, ni creído ni hubiéramos podido compartir con él. Pero Dios lo sabía. En Su soberanía, Dios aumentó nuestra urgencia de llegar a este pueblo específico para esta vida específica. ¡Y Su mover del reino vino entre nosotros!

¿Cómo sucedió todo esto en el pueblo ese día? ¿Qué lo provocó? Estoy convencido de que todo fue posible porque una mujer se vio obligada por algo más grande que la comodidad y la seguridad. Mary salió de sus límites culturales y se acercó a un jefe de aldea, arriesgando su reputación, seguridad y mucho más.

¿Qué la obligaría a hacer tal cosa? Sólo el reino de Dios. Mary fue compelida por Dios y Su reino más que su comodidad. Ella creía en la urgencia de llevar el mensaje de Jesús a los perdidos y ver a Jesús hecho Rey entre ellos. Tanto es así, que Mary optó por abandonar su consuelo por esta causa. Y en su determinación de elegir el reino de Dios sobre su comodidad, Mary se convirtió en el punto de inflexión espiritual para todo un pueblo.

En Lucas 9, Jesús se acerca a tres hombres para conversar sobre sus zonas de comodidad. Jesús compartió la dura verdad de que el reino debe ser una prioridad mayor que su hogar, su cultura e incluso sus amigos y familiares más cercanos (Lucas 9:57–62). Todos estos hombres tuvieron respuestas similares: "Señor, primero déjame . . ." Cada uno de estos tipos tuvo un primero que no era Jesús y Su reino. Algo más o alguien más tomó una mayor prioridad en sus vidas. Encontraron su seguridad en otros lugares y se quedaron atrapados viviendo vidas cómodas.

No sabemos cómo respondieron a Jesús al final del día. La historia no dice. Pero sí sabemos cómo podemos responder a Jesús. Él revela que si queremos vivir una vida de impacto, Su reino debe tener la primera prioridad en nuestra vida (Mateo 6:33). Jesús parece decir: "Si realmente quieres correr la carrera, empieza por hacerme tu prioridad número uno". ¡Jesús guió a cualquiera que lo siguió a salir de su zona de confort, y Su Espíritu todavía nos está guiando a hacer lo mismo hoy! La única pregunta es: ¿Aceptaremos Su invitación de dar un paso valiente fuera de las cuatro paredes de nuestro hogar, nuestra iglesia y nuestros grupos de amigos?

¿Ahora qué?

- ¿Tienes "zonas de confort" que han tomado la primera prioridad en tu vida, más que Jesús y Su causa del reino para el mundo? Habla con Él acerca de dejarlos.
- ¿Cómo sería para ti unirte a María y a otros que se sienten atraídos por el reino de Dios más que por sus zonas de comodidad?
- Lee Lucas 10:1, 9, 17–21 para ver qué les sucedió a quienes aceptaron la invitación de Jesús. ¿Qué podría pasar si aceptaras la invitación de Jesús en tu vida?

SEIS
EL CENTINELA

EN UN DÍA habitual mientras estaba en los Estados Unidos, mi teléfono vibró. Al sacar el teléfono de mi bolsillo, noté que era un mensaje de texto de Mary, nuestra ayudante clave entre los Hadzabe. El mensaje de tres palabras fue corto y directo: MAMOYA HA MUERTO.

Esta fue una noticia dolorosa. Nuestro amigo Mamoya dejaba atrás a su esposa y varios niños que necesitaban provisión y cuidado. Apenas cuatro meses antes del fallecimiento de Mamoya, uno de sus hijos murió repentinamente. La familia estaba apenas volviendo a ponerse de pie. No pude evitar pensar cómo esta tragedia seguramente los haría caer de rodillas nuevamente.

Mamoya era un hombre honorable y un buen padre. Y aún más, tenía un hambre insaciable por Jesús y Su Palabra. Empecé a recordar todo el tiempo que pasamos juntos mientras él hacía una pregunta tras otra sobre lo que significaba seguir a Jesús. El corazón de Mamoya ardía con la pasión de Cristo y reflejaba el amor de Jesús.

Si bien habíamos perdido a un querido amigo, miembro de la familia y siervo fiel que trabajaba en el reino aquí en la tierra, estaba seguro de que Mamoya estaba cara a cara con Jesús. Incluso en el dolor, ¿hay mayor esperanza o gozo que eso?

La muerte siempre vuelve a centrar mi enfoque en la eternidad. Lo hizo ese día, y lo haría otra vez; esta no sería la última noticia de una muerte que recibiría.

Fue unos años más tarde que Mary envió otro informe de noticias difíciles. Al igual que su mensaje sobre Mamoya, el texto de Mary fue breve: ONWAS HA MUERTO. Acompañando a los textos de Mary había imágenes del Hadzabe enterrando su cuerpo. Noticias como esa no siempre parecen reales cuando se reciben al otro lado del mundo. Sin embargo, las fotos que Mary incluyó fueron aleccionadoras.

La noticia de la muerte de Onwas me entristeció de inmediato. Sin embargo, al igual que con la noticia de Mamoya, me regocijé de que Onwas hubiera recibido el Evangelio varios años atrás y ahora estaba cara a cara con el Dios viviente. Onwas siempre había sido como nuestro "abuelo" Hadzabe. También era un anciano tribal famoso entre la gente y tenía una fuerte influencia sobre muchos.

Cuando conocí a Onwas, él no conocía el Evangelio ni lo que Jesús había hecho por él. Tuve la oportunidad de presenciar a Onwas recibir el Evangelio y crecer en hambre por la Palabra de Dios. Me preguntaba cuántos de los Hadzabe se habían abierto a Jesús debido a la amplia influencia de Onwas.

Al enterarme de su fallecimiento, recordé el día en que Onwas escuchó por primera vez las Escrituras en su propio idioma. Con una sonrisa en su rostro, inmediatamente nos repitió todas las palabras. ¡Enfática y alegremente, Onwas nos aseguró que finalmente podía comprender cada palabra de las Escrituras! Recordé cómo el evangelio hizo que este anciano bailara y cantara para Jesús, al estilo de los tribales, caminando en su lugar, moviendo los brazos de un lado a otro y moviendo la cabeza de un lado a otro al ritmo del latido de su corazón. Estos vívidos recuerdos hicieron que mi corazón saltara de alegría por este hombre que ahora estaba en el cielo. Y, sin embargo, su pérdida fue pesada para mí y para muchos otros que lo amaban.

Le envié un mensaje de texto a Mary: Lamento mucho escuchar lo de ondas. ¿Cómo estás y cómo está el pueblo con su muerte?

Mary respondió rápidamente: Toda su familia y todos los cazabe que estaban muy tristes por perder a alguien, especialmente a un anciano en la misión De Dios.

Con empatía esperanzada, mandé otro mensaje: Estamos tristes, pero también nos regocijamos. Ahora, ¡Onzas está cazando delante del trono De Dios y alabando a Jesús por toda la eternidad!

Sí, afirmó Mary, ¡Esperamos encontrarnos y cantar juntos en el cielo!

Mi último recuerdo de Onwas incluido, entre todas las cosas, era la avena. Le había dado una nueva Biblia en audio y algunos paquetes de avena en nuestra última aventura. ¡Le encantaba la avena! ¡Él no se cansaba de comer eso! Cada vez que acampábamos cerca de su pueblo, él venía por la mañana, se sentaba y nos esperaba para compartir nuestra avena. A menudo me sorprendía la cantidad de paquetes de avena que Onwas vaciaba en su taza: ¡tres, a veces incluso cuatro, a la vez! ¡Comenzamos a comprender que el camino al corazón de Onwas era a través de un tazón tibio de avena! Es por eso que decidimos detenernos y darle a Onwas ese preciado regalo cada vez que pasábamos por su pueblo.

La mayoría de los Hadzabe afirman que los cerebros de babuino son su comida favorita. No Onwas. Su alimento favorito era claramente la avena. Si bien Jesús fue claramente el primero en su vida, la avena ocupaba un lugar destacado en su lista. Y cuando pienso en cuánto amaba Onwas a Jesús y disfrutaba de la avena, recuerdo la Escritura que dice: "Gustad y ved que el Señor es bueno" (Salmo 34:8 NVI).

Toma un momento para recordar algunos de los mejores momentos que has tenido con Jesús. Si alguna vez has experimentado Su bondad, apuesto a que te dejó deseando más, como el primer bocado de tu comida favorita. Una probada no es realmente suficiente para satisfacer tu antojo, ¿verdad?

Ahora imagina combinar todos tus mejores momentos con Jesús en una experiencia masivamente extraordinaria. ¡La Biblia declara que todo lo que experimentamos de Dios en este momento es solo un anticipo de lo que vendrá cuando veamos a Jesús cara a cara! Todos nuestros mejores momentos con Él en la tierra palidecen en comparación con nuestra eterna adoración y disfrute de Su presencia.

También se nos promete experimentar la alegría de reunirnos con nuestros hermanos y hermanas cristianos que han muerto. Recibiremos cuerpos resucitados sin dolor, todo sufrimiento desaparecerá, toda guerra y división cesarán, toda lágrima será enjugada y todo lo que esté roto será restaurado. Abhelo el día en que Jesús regresará. ¡Ven Señor Jesús! es una oración constante en mi corazón. ¿Y tú? ¿Anhelas el regreso de Jesús? Es difícil para mí imaginar a alguien que no anhele la libertad, la alegría y la ausencia de angustia y dolor.

Dicho esto, ¿estamos dispuestos a hacer lo que Jesús dijo que se debe hacer antes de que regrese? Cuando los discípulos de Jesús preguntaron cuándo vendría el fin del mundo, Jesús respondió: "Y este evangelio del reino se predicará en todo el mundo como testimonio a todas las naciones, y entonces vendrá el fin" (Mateo 24:14).

El Evangelio será proclamado entre todas las naciones (es decir, grupos de personas etnolingüísticas o tribus) y luego vendrá el fin. Antes de que Jesús ascendiera al cielo, nos dio nuestras órdenes y nos envió a completar la misión: proclamar las buenas nuevas entre todos los no alcanzados del mundo. ¡Si queremos que Jesús regrese, debemos irnos! debemos compartir. . . con nuestros vecinos, con nuestra ciudad, con nuestro país, con el mundo! Hasta donde podamos, debemos ir. En la medida de lo posible, debemos compartir. En la mayor medida que podamos sacrificarnos, debemos ayudar a movilizar a otros para Su misión. ¡El mandato final de Jesús debe ser nuestra primera preocupación!

Las palabras de Ezequiel continúan recordándome realidades eternas y atrapándome con convicción:

Hijo de hombre, habla a los hijos de tu pueblo y diles: «Si yo
traigo una espada sobre un país, y la gente del país toma a
un hombre de entre ellos y lo ponen de centinela, y este ve
venir la espada sobre el país, y toca la trompeta y advierte al
pueblo, y el que oye el sonido de la trompeta no se da por
advertido, y viene una espada y se lo lleva, su sangre recaerá
sobre su propia cabeza. »Oyó el sonido de la trompeta pero
no se dio por advertido; su sangre recaerá sobre él. Pero si
hubiera hecho caso, habría salvado su vida. »Pero si el centinela ve venir la espada y no toca la trompeta, y el pueblo no
es advertido, y una espada viene y se lleva a uno de entre
ellos, él será llevado por su iniquidad; pero yo demandaré
su sangre de mano del centinela». (Ezequiel 33:2–6)

Dios le dice a Ezequiel que él es un centinela espiritual para
Israel, encargado de la responsabilidad de advertir a otros sobre el
juicio venidero por su pecado. Si Ezequiel advierte al pueblo y éste
perece, el pueblo mismo será responsable de su muerte y él
quedará libre. Pero si Ezequiel no les advierte, será responsable de
su muerte (Ezequiel 33:7-9).

Ahora, ¿por qué estas palabras aparentemente oscuras sobre el
llamado de un profeta en el Antiguo Testamento me atrapan?
Bueno, si no fuera por el apóstol Pablo, estas palabras tendrían
menos peso de lo que creo que tienen. Cuando los judíos se
opusieron e injuriaron a Pablo por proclamar el Evangelio, él
aludió a la advertencia de Ezequiel al dirigirse a ellos: "Vuestra
sangre sea sobre vuestras cabezas; yo soy limpio; desde ahora me
iré a los gentiles." (Hechos 18:6). Y de nuevo Pablo dice entre los
gentiles: "... os doy testimonio en este día de que soy inocente de la
sangre de todos, o como dice otra traducción, "Declaro hoy que he
sido fiel. Si alguien sufre la muerte eterna, no será mi culpa,
porque no me eché para atrás a la hora de declarar todo lo que
Dios quiere que ustedes sepan". (NTV) Esencialmente, Pablo está
diciendo: "Yo les he proclamado el Evangelio, pero la respuesta
depende de ustedes. Por lo tanto, estoy libre de mi responsabili-

dad. ¡Tus consecuencias eternas están sobre tu propia cabeza ahora!"

Está claro. Debemos proclamar el Evangelio. ¡Es nuestra responsabilidad como creyentes! De hecho, incluso hemos sido llamados embajadores de Cristo. Dios siempre ha orquestado el mover de Su reino a través de Su pueblo. La Biblia no se anda con rodeos: sin alguien que les predique, es posible que las personas nunca escuchen y, por lo tanto, nunca crean y nunca reciban la salvación (Romanos 10:14).

Dios ha decidido obrar a través de nosotros. Pero, ¿Qué pasa si no proclamamos? ¿Qué sucede cuando vemos a todos los perdidos sin esperanza a nuestro alrededor claramente dirigiéndose a la destrucción eterna y no hacemos nada? A menudo preguntamos: "¿Qué les sucede a aquellos que nunca escuchan acerca de Jesús?" Pero creo que una mejor pregunta es: "¿Qué nos sucede a los que sabemos pero nunca vamos, a los que nunca proclamamos las buenas nuevas de Jesús?"

El fallecimiento de mis amigos Hadzabe Mamoya y Onwas me hizo pensar. No pude evitar considerar todas estas Escrituras. ¿Y si nunca hubiéramos ido? ¿Y si nunca hubiéramos compartido las buenas nuevas con ellos? ¿Y si hubiéramos desobedecido el llamado de Dios? ¿Se habrían perdido por completo? ¿Estarían pasando la eternidad sin Cristo? ¿O Dios habría levantado a otros para que fueran?

Me gusta pensar que esto último es cierto, pero no puedo vivir con la certeza de que está garantizado. Si no hubiéramos ido, podríamos haber tenido la sangre de Onwas en nuestras cabezas. Podríamos haber sido considerados responsables de su vida espiritual. Ahora, ¿cómo sería eso exactamente? No tengo ni idea. Pero puedo decirte algo, ¡no quiero experimentar el peso de eso!

Lo que sí sé con absoluta certeza es que nos hubiésemos perdido la alegría de unirnos a Jesús en su misión, y nunca hubiésemos conocido la alegría de la vida y la amistad de Onwas.

En pocas palabras, estoy muy contento de haber ido. Estoy tan lleno de tranquilidad y alegría que no nos dimos por vencidos

cuando las cosas se pusieron difíciles ni permitimos que las dificultades nos desviaran de los deseos de Dios. La vida (y la muerte) de
Onwas me obligan a compartir el Evangelio con aún más personas.
¡Han solidificado mi resolución de nunca perder una sola oportunidad que Dios tiene para mí de compartirlo con los demás!

La vida es demasiado corta para permanecer encerrado en
nuestras zonas de confort. Y, si te soy sincero, me siento tentado a
pasar mi vida allí más a menudo de lo que quiero admitir. Pero he
visto morir a demasiadas personas y he sentido el peso de la eternidad con demasiada frecuencia como para desperdiciar las oportunidades del reino que Dios trae. No sé tú, pero como Ezequiel, ¡yo
anhelo ser el mejor centinela que pueda ser!

La muerte tiene una forma de hacernos pensar en la realidad
de la eternidad: lo que está en juego y lo que realmente importa en
esta vida.

Justo sucedió que el día que recibí la noticia de la muerte de
Onwas, yo estaba predicando en un campamento para adolescentes
y jóvenes. No había planeado dar una invitación para misiones al
final de mi mensaje, ¡pero sentí que el Espíritu Santo me impulsaba
con tanta fuerza que no podía hacer nada más! Invité a la multitud
a considerar si Dios los estaba llamando al campo misionero.
Sorprendentemente, diecisiete personas se pusieron de pie de
inmediato y dijeron: "¡Dios me está llamando para ir a las
naciones!".

Aunque sentí una profunda tristeza por la muerte de Onwas, en
realidad fue un día glorioso. Onwas corrió su carrera y llegó a la
línea de meta y diecisiete jóvenes corredores comenzaron sus
carreras hacia algunos de los lugares potencialmente más fangosos
del mundo. La muerte fue eclipsada por una nueva vida ese día.
Para quien confía y obedece a Cristo, la luz y la vida vencen
siempre a las tinieblas ya la muerte.

Dios está levantando un ejército de aquellos que se alistarán y
vivirán como centinelas fieles (¡y sí, centinelas!). ¿Te unirás a ellos
en la carrera? ¿Cumplirás con el cargo? Habiendo leído este capítulo, ¡usted sabe demasiado para no hacer nada!

¿Ahora qué?

- ¿Por qué crees que Pablo aludió a la imagen de Ezequiel de un centinela para describir nuestro papel en la misión de Dios?
- ¿Alguna vez has considerado la responsabilidad que tenemos como creyentes de proclamar el mensaje de Jesús a todo el mundo? ¿Cómo procesas esta realidad?
- ¿Qué puedes hacer para cumplir con tu papel como centinela de Dios?

SIETE
LA SIMPLICIDAD DEL MENSAJE

MIENTRAS CUMPLIMOS con el encargo como centinelas, ¿cuál es el mensaje que estamos llamados a proclamar?

Después de la cena nos sentamos alrededor de una mesa de madera muy usada y bebimos té. Más allá de las ventanas experimentadas de esta casa de huéspedes local, las vistas pintorescas del Himalaya declararon la gloria de Dios. Mis amigos asiáticos y yo bebimos nuestras bebidas calientes y discutimos las alegrías, las victorias y las dificultades de la misión de Dios.

Aliza compartió asombrosos testimonios de la gloria de Dios irrumpiendo. "¡Oro por muchas personas en el nombre de Jesús y a menudo son sanadas!" ella dijo. "Creo que Dios me ha dado este don espiritual. También he estado compartiendo el evangelio con muchos de ellos".

"¿Cómo ha estado respondiendo la gente al mensaje del Evangelio?" Pregunté.

Aliza continuó. "Algunos están interesados, pero en este momento mi familia es la única familia cristiana en nuestro pueblo. La dura oposición y la persecución nos plantean dificultades diarias. En días anteriores, los aldeanos tiraban piedras y maldecían nuestra casa. Sus acciones no tuvieron el resultado que esperaban. La gente del pueblo estaba asombrada de que sus maldiciones no tuvieran poder sobre nosotros ni sobre nuestro hogar. Jesús nos ha protegido. Aun así, la mayoría en el pueblo se resiste al mensaje de Jesús".

"¿Cómo muestra la gente su resistencia? ¿Qué hacen?" Tenía curiosidad por saber más.

Aliza se alegró de dar más información. "Hay un pueblo justo arriba del mío. La gente de este pueblo te pegará con palos si tratas de hablar de Jesús. Ahora que he hablado de Jesús unas cuantas veces allí, me están buscando. Saben para qué estoy allí. La última vez que fui, la gente me tiró piedras y tuve que huir para ponerme a salvo".

"¡Tienes un coraje increíble, Aliza!" exclamé, sintiéndome bendecido solo de sentarme con una hermana de una fe tan valiente.

Me sentí guiado a compartir una historia de una región vecina que involucraba a alguien que Aliza conocía, un hombre llamado Purna. "Sabes, Aliza, una vez fui a un pueblo cercano con Purna. Aunque afirma ser un verdadero cristiano, fue una fuerte barrera para el Evangelio. Mientras caminábamos por el pueblo, vimos a una mujer mayor que estaba sollozando. Nos habló de algunos problemas familiares con los que estaba luchando. Entonces, comenzamos a animarla, compartiendo sobre el amor y la presencia tranquilizadora de Jesús. Dios estaba tomando su corazón y encontrándose con la mujer en su necesidad. En un momento, ella dijo: "Quiero seguir a Jesús, pero no hay nadie aquí que me enseñe". ¡Ella estaba lista para creer en Jesús allí mismo!

"Pero Purna dijo: 'Ahora no puede creer en Jesús porque le preocupa quién enterrará su cuerpo cuando muera'. Ella dice que los budistas no la enterrarán si sigue a Jesús, y no hay cristianos en su pueblo para enterrarla cuando muera. Entonces, ella no puede creer hasta que haya un pastor de tiempo completo allí. ¡Estaba furioso! Purna no quería hablar sobre la realidad de la resurrección, cómo no necesitaba preocuparse por su cuerpo sino por su eternidad. Purna tampoco pensó en ofrecerse a sí mismo como una solución al dilema de su entierro. Personalmente, estaba dispuesto a ofrecer volar desde los EE. UU. y hacer el largo viaje a su pueblo con el único propósito de tener su funeral y enterrarla si eso era lo que necesitaba para que ella dijera sí a Jesús. Pero Purna no quería discutirlo. Él literalmente le cerró el reino de los cielos en la cara mientras nos alejamos.

Aliza respondió: "Sí, conozco a ese hombre, Purna. He visto un cambio en su actitud. Por alguna razón, algo lo ha cambiado". Aadesh intervino: "Sabes, tendrá que rendir cuentas un día por eso. Él será responsable".

"Sí, eso es cierto", dije. "Seguramente no me gustaría tener eso en mi cabeza." Mis pensamientos volvieron una vez más a los pasajes del centinela en Ezequiel.

A medida que nuestra conversación se prolongó hasta bien entrada la noche, Aadesh dio un giro. Compartió sobre el entrenamiento que habíamos hecho para los creyentes del pueblo ese día. "La capacitación fue muy efectiva", afirmó. "Me gustó cómo equipó a todos para compartir el Evangelio de una manera sencilla junto con su propia historia de cómo Jesús los ha cambiado".

Aadesh luego compartió algunos pensamientos más profundos y personales. "Sabes, tenía un amigo con el que siempre quise compartir el Evangelio", dijo. "Seguí pensando, ¡lo compartiré con él en algún momento! Pero seguí posponiéndolo. Recientemente, murió. Hasta el día de hoy me arrepiento de no haber compartido el Evangelio con mi amigo. Esta capacitación, sin embargo, me ha dado confianza sobre cómo puedo compartir con otros amigos en el futuro".

Kalit había estado escuchando atentamente mientras todos contaban sus historias sobre nuestro día juntos. Ahora era su turno de compartir. "¡Sí, la capacitación fue muy útil para todos los creyentes de este pueblo! Todos aquí siempre supieron que necesitaban compartir el Evangelio y hacer discípulos, pero no siempre estaban seguros de cómo compartir ni qué compartir. Después de hoy, se han dado cuenta de que el mensaje se puede compartir en cualquier lugar con cualquier persona, incluso en poco tiempo. No tiene que hacerse en un edificio ni tomar cantidades extremas de tiempo. Se puede hacer de forma sencilla".

Cuando finalmente me acosté en mi cama esa noche, no podía dormir. Mi corazón estaba lleno y mi cabeza ocupada. Seguí reproduciendo las muchas historias poderosas y testimonios crudos que nuestros hermanos y hermanas fieles en Cristo habían compartido.

Igualmente, mi corazón estaba inquieto. Me sentía cargado por Sabita, quien era la dueña, cocinera, y anfitriona en la casa de huéspedes donde nos estábamos quedando.

Éramos los únicos huéspedes alojados allí durante estos días. Sabía que era budista y me sentí obligado a compartir a Jesús con ella.

Nuestros amigos del pueblo no son los únicos que a menudo sienten la presión de qué compartir o cómo compartirlo. A menudo me he sentido así; Imagino que tú también. Esa noche me quedé despierto orando y pensando en cómo podría compartir las buenas nuevas con Sabita. Nos íbamos a la mañana siguiente, así que solo tendría una oportunidad. Pensé: ¡Pongamos este entrenamiento en acción!

Nos despertamos temprano a la mañana siguiente para prepararnos para nuestro largo viaje. Rápidamente consumí mi desayuno de pan y té para poder compartir con nuestra amiga Sabita. Los últimos días había trabajado duro para amarla intencional y activamente aprendiendo su nombre, haciéndole preguntas y felicitando su arduo trabajo en la casa de huéspedes. Ahora era el momento de amarla con mis palabras.

"Sabita, quería compartir algunas palabras contigo antes de irnos. Estás haciendo un trabajo increíble aquí. ¡Gracias por tu arduo trabajo y deliciosa comida!"

"¡Gracias y de nada!" ella respondió con una sonrisa.

"En mi vida solía creer que un buen trabajo, una buena cantidad de dinero y una buena familia me satisfarían. Cuanto más trabajaba para que estas cosas me trajeran satisfacción y significado en la vida, menos lo hacían en realidad. Entonces un día estaba orando, y Jesús comenzó a hablarme. Empecé a pasar más tiempo con Jesús, y Él me satisfizo más que cualquier cosa que pudiera imaginar".

Mientras Sabita escuchaba, continué: "En el budismo, haces muchas cosas buenas para recibir bendiciones y protección espiritual. Pero en el cristianismo, Jesús vivió una vida perfectamente santa y murió por todas las cosas malas que hemos hecho. Luego resucitó de entre los muertos, por lo que está vivo hoy. Es por eso que podemos tener una verdadera relación con el único Dios verdadero. No sé lo que piensas sobre esto, pero quería decírtelo antes de que nos vayamos".

Sabita respondió: "Me gusta esta idea. Podría hacer esto algún día".

La animé: "No esperes demasiado. La vida es corta y no querrás perderte todo lo que Jesús tiene para ti".

"Gracias", dijo Sabita mientras sonreía. "¡Por favor, quédese en nuestra casa de huéspedes si viene de nuevo!"

"¡Seguramente lo haremos!" Respondí. "¡Gracias de nuevo!" Me alejé lleno de alegría, seguro de haber hecho lo que Dios me pidió. Me regocijé de que Dios me había dado las palabras que necesitaba para la oportunidad especial y la breve cantidad de tiempo que se me dio.

En solo unos minutos, Sabita quedó intrigada por un simple mensaje. Aadesh, Kalit y otros también habían descubierto el poder de un mensaje simple en sus propios esfuerzos de evangelización.

A veces hacemos que las buenas noticias sean inaccesibles haciéndolas demasiado complicadas, no solo para los perdidos sino también para nosotros mismos. A menudo me pregunto si a Satanás le gusta que sea así. Después de todo, Pablo escribió a los corintios: "Pero temo que, así como la serpiente con su astucia engañó a Eva, vuestras mentes *sean desviadas de la sencillez* y pureza de la devoción a Cristo". (2 Corintios 11:3, cursivas mías).

Me sorprende la sencillez de una historia en Juan 4. Una mujer samaritana se encuentra con Jesús y su vida se transforma por completo. Su primera reacción es volver a su pueblo para proclamar lo que Jesús había hecho en su vida y, como resultado, "muchos de los samaritanos creyeron en él" (Juan 4:39). La mujer no compartió un mensaje demasiado complicado ni utilizó algún método especial intrincado. Ella simplemente compartió su historia acerca de Jesús, y muchas personas quedaron cautivadas.

El apóstol Pablo tampoco parecía adoptar un enfoque demasiado complicado. Él proclamó: "Porque yo os entregué en primer lugar lo mismo que recibí: que Cristo murió por nuestros pecados, conforme a las Escrituras; que fue sepultado y que resucitó al tercer día, conforme a las Escrituras;" (1 Corintios 15:3-4). El mensaje de Pablo fue poderoso. Tan poderoso que cambió el mundo entero. Sin embargo, el mensaje de Pablo era simple: ¡Jesús murió por nuestros pecados, fue sepultado y resucitó de entre los muertos!

¿Y si ese fuera el mensaje que proclamamos? ¿Qué pasaría si simplemente compartiéramos cómo Jesús cambió nuestras vidas en el presente por la obra que realizó en el pasado?

Me pregunto si Dios lo diseñó de esta manera. Porque las Escrituras declaran que Satanás "ha cegado el entendimiento de los incrédulos, para que no vean el resplandor del evangelio" (2 Corintios 4:4), pero los cristianos han vencido a Satanás "por medio de la sangre del Cordero y por la palabra del testimonio de ellos" (Apocalipsis 12:11). Podemos vencer las fortalezas de Satanás en el mundo al declarar nuestro testimonio —cómo Jesús ha transformado nuestras vidas— y al declarar lo que Jesús ya ha logrado en la cruz, el mensaje sencillo del evangelio. El mensaje de la muerte y resurrección de Jesús declara lo que Él ya ha hecho. ¡Nuestro testimonio revela lo que Jesús todavía está haciendo, vivo y activo en tiempo presente! ¡Este mensaje siempre ha penetrado y cautivado corazones hasta el día de hoy!

¡Si has conocido a Jesús, tienes tanto el qué como el cómo de llevar el mensaje de un centinela o una centinela! ¡Simplemente comparte su historia de cómo Jesús se le apareció o transformó su vida!

Aquí hay tres pasos simples para compartir su historia de Dios:

1. Comparte cómo era tu vida antes de encontrarte con Jesús. ¿Qué dificultad encontraste? ¿Qué cosas negativas experimentaste? ¿Qué conceptos erróneos tenías acerca de Dios?

2. Comparte cómo Jesús cambió tu vida. ¿Qué es ahora diferente en tu vida gracias a Jesús? ¿Cuál es el cambio real que Jesús ha traído? Pero tal vez te estés preguntando, ¿Qué pasa si creí en Jesús cuando era muy joven y no tengo una historia de antes y después? Tu historia puede ser tu experiencia de salvación, pero también puede ser una experiencia posterior a la salvación cuando Jesús realmente se apareció por ti y cambió tu corazón o tus circunstancias.

3. Después de que hayas compartido tu historia, te animo a compartir el mensaje sencillo del Evangelio de esta manera práctica: "Esto fue posible en mi vida por lo que Jesús ha hecho por nosotros. Jesús murió en la cruz por nuestros pecados, que nos separaban del único Dios verdadero. Luego, Jesús resucitó de entre los muertos, por lo que está vivo hoy y espera una relación con nosotros. ¿Es algo que te interesa? ¿Quieres que Jesús también cambie tu vida?"

Ahora, antes de asumir la causa como centinela de Dios, ten en cuenta que un mensaje simple no significa una tarea fácil o sin riesgos. Apocalipsis 12:11 nos dice, "y no [amaron] sus vidas, *llegando* hasta *sufrir* la muerte". ¡Esos creyentes estaban dispuestos a proclamar el mensaje de Jesús aunque les costara la vida! Mientras proclamamos las buenas nuevas, algunos de nosotros podríamos enfrentar la muerte cuando Dios nos envíe a lugares peligrosos para compartir a Jesús con personas no alcanzadas en todo el mundo. Si bien debemos estar dispuestos a enfrentar la muerte, la mayoría de nosotros no enfrentará el martirio. Sin embargo, la mayoría de nosotros experimentará dificultades, desánimo, rechazo y ridículo.

Tal oposición plantea la pregunta, ¿cómo nos mantendremos firmes con tanta fuerza y determinación?

De vuelta en el Himalaya alrededor de la mesa esa noche, nuestra amiga Aliza había compartido una cosa más antes de que terminara nuestra larga velada de conversación. Le habíamos preguntado a Aliza: "¿Cómo encontraste el coraje para ir y compartir el mensaje, incluso cuando la gente se te opone?"

Aliza respondió con alegría: "Empecé a pasar más tiempo con Jesús mismo, en Su Palabra y especialmente en oración. A medida que pasaba tiempo con Él, me di cuenta de que tenía más valor para ir y compartir".

Aliza no amaba su vida más que la misión. Tampoco se amaba a sí misma más que a las personas que Dios le había enviado a amar. Mientras vamos a compartir el evangelio, ¡no debemos amar nuestras propias vidas más que las vidas de aquellos que están en peligro de pasar la eternidad sin Cristo!

¿Entonces, Qué esperas? Sé el centinela o la centinela que Dios te creó para ser. ¡Ve y proclama la historia de Jesús! Comparte tu historia y cómo Jesús ha cambiado tu vida. Y mientras lo haces, recuerda de hacerlo de manera sencilla. Mantén el enfoque sobre Jesús y las personas que Él le ha enviado a amar. Espera oposición. Igualmente, espera la fuerza y la provisión de Dios a lo largo del camino. Tienes lo que se necesita para compartir valientemente Su mensaje. ¿Por qué? Porque el Jesús viviente ciertamente irá contigo, hasta el final.

¿Ahora qué?

- ¿Ha tratado Satanás de complicar demasiado el Evangelio en su vida? ¿Cómo es eso? ¿Alguna vez se dio cuenta de que compartir el mensaje de Jesús podría ser tan simple y personal? ¿De qué manera las verdades reveladas en este capítulo cambian su perspectiva sobre el evangelismo?
- ¿Cuál es tu historia de Jesús? ¡Escríbelo, practícalo un par de veces y comienza a compartirlo con todos!
- En los próximos días, ¿con quién puedes compartir tu sencilla historia de Jesús y el sencillo mensaje del evangelio? Ora por ellos ahora y prepárate para compartir tu historia de Jesús.

OCHO
EL PODER DEL MENSAJE

ESTÁBAMOS LUCHANDO contra el tráfico mientras viajábamos por la ciudad principal de una isla prominente en Asia. Nuestro impulso se convirtió en un juego gigante de dodgeball inverso, donde nos convertimos en la pelota que intentaba esquivar a todos los demás conductores. Mi esposa y yo, junto con nuestros socios locales, acabábamos de regresar de las áreas selváticas del interior y nos dirigíamos a encontrarnos con un líder organizacional que brindaba atención y educación cristianas a los niños de familias empobrecidas.

Un poco agotados (nuestro "juego de dodgeball" imaginario se sentía un poco demasiado real), finalmente llegamos al centro del ministerio. El líder y el personal nos recibieron calurosamente.

"Bienvenidos a nuestro centro", dijo el líder en nombre de todos los que estaban allí. "¡Estamos muy felices de tenerte aquí!"

"¡Muchas gracias por recibirnos aquí, hermano!"

Dirigiéndose a las dos personas que estaban a su derecha, el líder dijo: "Quiero que conozcan a uno de los estudiantes aquí. Esta es Naloti y su madre".

"Hola", dije, reconociendo a cada una de ellas con un movimiento de cabeza afirmativo. "¡Encantado de conocerlas a ambas!"

Mientras hablábamos con el líder sobre el trabajo de su organización, busqué maneras de mantener a Naloti involucrada en la conversación. En un momento apropiado de la conversación, me giré y le hice una pregunta a Naloti (es sorprendente cómo una pregunta puede abrir la puerta a una oportunidad significativa del Evangelio):

"Entonces, Naloti, ¿qué te gusta hacer para divertirte?"

"Me gusta leer libros budistas", respondió ella.

Me sorprendí un poco. Había asumido que ella era una creyente debido a

la fundación cristiana que administraba este centro de entrenamiento.

El país en el que estábamos restringe activamente a los cristianos de compartir el Evangelio o hacer "conversos". De hecho, es altamente ilegal. Sabiendo esto, ciertamente no quería arriesgar todo nuestro ministerio en este único momento. Sin embargo, mi corazón ardía con el deseo de compartir a Jesús con Naloti. Sabiendo que su madre podría arrastrarnos a aguas turbias si cruzábamos cualquier límite religioso legal, decidí compartir con ella acerca de Jesús de todos modos, con cautela.

"Sabes, Naloti, solía pensar que el sueño de mi vida me satisfaría y me traería paz y propósito. Pero descubrí que mientras pasaba tiempo con el Jesús viviente, ¡Él me satisfizo más que cualquier otra cosa en este planeta!" Lo dejé así para ver si lo que dije resonaba con ella y cómo podría responder.

La madre de Naloti intervino en la conversación. Su respuesta me sorprendió. Ella comenzó a compartir sobre su propia vida de sufrimiento. "Los médicos me dijeron que tenía cáncer", dijo. "Las cosas no pintaban bien. Al mismo tiempo, nuestro arrendador amenazó con desalojar a nuestra familia de nuestra casa y comenzó a hacer planes con ese fin. Oramos y oramos y oramos. Dimos nuestros sacrificios en el templo budista, pero nada cambió. Llegamos a uno de los puntos más bajos de nuestras vidas".

"Lamento mucho tu dificultad", respondí, inclinándome y escuchando atentamente mientras continuaba.

"No sabía qué más hacer", continuó, "así que decidí ir a una reunión de la iglesia y ver si su Dios podía ayudarme. Oraron por mí, y mi cáncer desapareció desde entonces. La amenaza de desalojo acaba de caer. ¡Descubrí al Dios que podía contestar nuestras oraciones! He decidido ser cristiana, pero mi esposo es todavía budista. Cada vez que va al templo, le digo: 'No me siento lo suficientemente bien como para ir. Yo me quedo y te vas sin mí'. Esa excusa funciona para mí, pero no para mis hijos. Mi esposo lleva a mis hijos con él al templo. Entonces, por ahora, tampoco siguen a Jesús".

"Gracias por compartir tu historia", dije afirmativamente. "Estamos muy emocionados de escuchar cómo Dios está respondiendo sus oraciones. Nos encantaría compartir más acerca de Jesús con su hija si le parece bien".

"¡Absolutamente, por favor hazlo!" ella respondio.

Con el permiso concedido, comenzamos a compartir la historia de Jesús con Naloti. Comenzamos con la creación, la caída y por qué Jesús vino a la Tierra. Luego compartimos cómo vivió Él, acerca de Su muerte y resurrección, y cuán poderoso es Él realmente como el Rey de todo, el único Dios verdadero.

Mientras compartíamos, los ojos de Naloti comenzaron a rodar hacia la parte posterior de su cabeza y sus manos temblaban. Parecía como si el enemigo estuviera agarrando la vida de Naloti, lanzando una ofensiva final para mantenerla en el reino de la oscuridad. Pero no estábamos dispuestos a dejar que Satanás se saliera con la suya. Mi esposa comenzó a orar en silencio y yo continué proclamando el mensaje de Jesús, ¡las buenas nuevas de Su victoria!

Le pregunté a Naloti: "¿Te gustaría creer en Jesús y seguirlo también?"

"Sí, me gustaría", respondió ella.

Inmediatamente sus ojos volvieron a la normalidad y su cuerpo dejó de temblar. El Príncipe de la Paz entró en escena. Jesús, como leemos muchas veces en las Escrituras, se hizo cargo y calmó la tormenta. Su reino de luz había comenzado a brillar en el corazón de Naloti.

"Naloti, si quieres seguir a Jesús, ora en voz alta con tus propias palabras. Dile a Jesús que te arrepientes de tu pecado. Agradécele por morir por ti y dile que crees que resucitó de entre los muertos. Dile a Dios que quieres darle tu vida".

Naloti hizo esa oración. Era la primera conversación con Jesús que había tenido. Cuando terminó, oramos por ella. Fue un momento inesperado pero poderoso ver el reino de Dios irrumpiendo en momentos cotidianos de la vida.

Naloti y su madre habían estado experimentando la vida en niveles inestables, poco fiables y tambaleantes. Su vida podría desmoronarse en un solo momento y despojarlos de todo lo que conocían: su relación, su hogar, incluso su próximo aliento. Pero como Naloti y su madre dieron sus vidas, Jesús les ofreció una vida en Su reino eterno (Hebreos 12:28).

Naloti experimentó la realidad del Evangelio, las buenas noticias acerca de Jesús. Ella puso su confianza en el Rey del reino. Ella creyó en el mismo mensaje que Jesús mismo proclamó y por el cual nos ordenó que oráramos:

> Jesús fue a Galilea, proclamando las buenas nuevas de Dios. "El tiempo se ha cumplido", dijo. "el Reino de Dios se ha acercado; ¡arrepentíos y creed en el *Evangelio*!". (Marcos 1:15, cursivas mías).

> "Vosotros pues, orad de esta manera: 'Padre nuestro que estás en el cielo, santificado sea tu nombre, venga tu reino, hágase tu voluntad, así en la tierra como en el cielo'" (Mateo 6:9-10).

> Este es el mensaje exacto que los seguidores de Jesús también fueron enviados a proclamar (Hechos 28:31).

¿Y cuál es el poder de esta buena noticia, el mensaje del Evangelio que estamos llamados a proclamar? No es otro que Jesús tomando el lugar que le corresponde como Rey. El lugar que le corresponde como Rey de nuestras vidas. Su lugar legítimo como Rey del universo. Su lugar legítimo como Rey de todas las cosas, visibles e invisibles. Su lugar legítimo como Rey basado en la evidencia de Su vida, muerte, resurrección y exaltación—que Jesús es Rey y Señor sobre todas las cosas.

Como creyentes, luchamos contra las fuerzas espirituales del mal que han sido enviadas por el gobernador del aire, el príncipe del reino de las tinieblas, el mismo Satanás. Fuimos testigos de esta realidad cuando la luz hizo retroceder la oscuridad en la vida de Naloti. ¡Las buenas nuevas consisten en que Jesús es victorioso! Y ahora Su reino - donde todo lo que Dios desea que suceda, en realidad sucede - está rompiendo la oscuridad espiritual hacia nuestras propias vidas y, a través de nosotros, hacia todos los que nos rodean.

Me gusta pensar en ello a través de la lente de un programa de televisión llamado Stranger Things. Cuando las criaturas de un reino de sombras oscuras irrumpen en el reino de la vida cotidiana, un niño de secundaria es tomado cautivo y transportado a ese reino oscuro. Mientras sus amigos y familiares buscan rescatarlo, descubren que los dos reinos coexisten al mismo tiempo y, a veces, se superponen.

De la misma manera, existe un reino espiritual que coexiste con nuestro reino físico, y a veces experimentamos la superposición. Hay una batalla espiritual constante a nuestro alrededor en el reino invisible. Y Dios desea ver venir Su reino entre nosotros, venciendo las tinieblas y transformando nuestra vida cotidiana.

Es que, debido a la caída, nos hemos erigido en reyes de nuestros propios reinos. Esto es cierto para toda la humanidad. Nos encanta liderar la carga en todo lo que hacemos. Nos gusta que la vida transcurra como deseamos y nos enfadamos cuando no es así. Y como creyentes, con demasiada frecuencia permitimos que esa mentalidad vuelva a aparecer. Nos estancamos enfocándonos en

nuestro ámbito visible, en nuestras necesidades y nuestras como-
didades.

Pero las Escrituras declaran una realidad más fuerte: ¡Cristo es
nuestra vida (Colosenses 3:4)! ¡Debemos mirar más allá de nosotros
mismos a Cristo, quien está sentado por encima de todo en los
lugares celestiales! Nuestras vidas han sido crucificadas con Cristo.
¡Ya no somos nosotros los que vivimos sino Cristo quien vive en y a
través de nosotros (Gálatas 2:20)! No podemos olvidar: Jesús es Rey,
y Su reino viene de Su posición de autoridad en los lugares
celestiales.

Siempre que vayamos a compartir nuestro testimonio o a
proclamar el mensaje básico del Evangelio, debemos recordar el
mensaje que proclamaron Jesús y sus seguidores: la realidad del
reino de Dios. Proclamaron otro Rey además de César, uno llamado
Jesús (Hechos 17:7), ¡y nosotros también debemos hacerlo! Nuestros
sencillos testimonios de transformación declaran que Jesús es Rey
porque revelan su poder para cambiar vidas, infundir paz en todas
las circunstancias y traer gozo sin medida. ¡Nuestras historias
revelan que Jesús está vivo, activo hoy, y el que tiene toda autoridad!

El mensaje del Evangelio es verdaderamente un mensaje revo-
lucionario de poder, esperanza y transformación. Es un mensaje
que cambiará radicalmente nuestras vidas. ¡Y no solo nuestras
vidas, sino también comunidades enteras, grupos de personas y
naciones! Es un mensaje por el que vale la pena dar nuestra vida:
todo lo que tenemos y todo lo que somos. Jesús, tomando el lugar
que le corresponde como Rey, transformó la vida de Naloti, la vida
de su madre, y oro para que también haya cambiado tu vida.

Jesús también desea transformar a quienes te rodean. ¿Te has
dado cuenta del poder detrás del mensaje que ha sido proclamado
por más de dos mil años? "de gracia recibisteis", dijo Jesús a sus
discípulos (Mateo 10:8), así que "dadlo gratuitamente". ¿No es hora
de dar lo que tan libremente se te ha dado?

¿Ahora qué?

- ¿En qué momento fuiste testigo del poder del Evangelio?
- ¿Ha considerado alguna vez que el mensaje que el apóstol Pablo, los primeros doce discípulos y el mismo Jesús proclamaron era el reino de Dios? ¿Por qué crees que a menudo nos hemos perdido esa parte del mensaje del Evangelio?
- El mensaje del "Evangelio" de Jesús fue este: "El reino de Dios se ha acercado. Arrepentíos y creed en las buenas nuevas" (Marcos 1:15 NVI). Otros primeros creyentes fueron proclamando que Jesús es Rey. El poder de este mensaje conmocionó a ciudades enteras. Sabiendo esto, ¿cómo podría cambiar el mensaje que proclamas o la forma en que lo proclamas?

NUEVE
SEGURIDAD RADICAL

ME SENTÉ FRENTE a mi tío abuelo. Trevor, el hermano de mi abuelo, estaba de visita en los Estados Unidos. El tío Trevor nació en Inglaterra. Si bien Inglaterra era su país de origen y lugar de residencia actual, el tío Trevor había pasado cuarenta y tantos años viviendo en la India como misionero. Me sentí bendecido por su visita y no podía esperar para hacer preguntas y escuchar más sobre sus experiencias de dar todo por el Evangelio entre los no alcanzados en el sur de Asia. ¡No tenía ninguna duda de que tenía algunas historias impactantes para contar!

Listo para una larga conversación, salté: "Entonces, tío Trevor, cuéntame cómo empezaste. ¿Por qué te fuiste de Inglaterra a la India?

El tío Trevor habló en un tono tranquilo pero confiado. Su discurso reflejó a un hombre que estaba contento en todas las circunstancias y lleno de una alegría indescriptible. "Bueno, como sabes, tu abuelo y yo crecimos en Inglaterra", comenzó. "Nuestro padre murió en la Primera Guerra Mundial mientras estaba a bordo de un barco naval que fue bombardeado por fuego enemigo y se hundió. Cuando era niño, recuerdo a mi hermano, tu abuelo, Peter, haciendo guardia con un rifle en un sitio militar a la

temprana edad de trece años. Un día, Peter me dijo que vio que
todo el cielo se volvió negro, cubierto de aviones que iban a la
guerra. Sabíamos lo que necesitábamos hacer. Nuestro padre se
había unido a la Marina británica, así que cuando llegó el
momento, nos alistamos también. Yo tenía diecisiete años.

"Mientras estaba sirviendo en la marina, entregué completamente mi vida a Jesús a través de Naval Christian Fellowship. No
mucho después conocí a algunos misioneros que compartieron
algunas historias asombrosas conmigo. Compartieron acerca de
Dios llamándolos a personas no alcanzadas que nunca habían oído
hablar de Jesús y cómo Dios nos ha llamado como cristianos a
hacer discípulos de todas las naciones. Dios comenzó a atraer mi
corazón. Sabía que también me estaba llamando a las personas no
alcanzadas. La carga era tan profunda que sabía que tenía que
hacer algo. También sabía que se necesitaban algunos cambios
importantes para hacer lo que Dios me pedía".

"¿Y qué estaba pasando con el abuelo Peter en ese momento?"
Yo pregunté.

"Tu abuelo también estaba teniendo encuentros con el Señor",
recordó el tío Trevor. "Una noche llegó del pueblo, borracho, como
solía hacer. Pero esa vez me senté a orar con él. Mientras recupe-
raba la sobriedad, pude compartir acerca de Jesús y cómo Él ya
estaba cambiando mi vida".

"Tío Trevor, es asombroso que Dios te haya dado esta oportunidad de compartir con tu hermano. ¡Me imagino que esto lo
preparó para dar su vida a Jesús! Recuerdo que el abuelo Peter me
contó sobre otro momento que lo preparó para creer en Cristo.
Navegaba a través del Círculo Polar Ártico y salió volando de la
cubierta de su barco desplegado. Milagrosamente, las redes del
costado del barco lo atraparon mientras caía. Aún así, resultó grave-
mente herido. Su vida estaba en peligro, y claramente su destino
eterno también".

Me moví en mi silla y continué: "El abuelo Peter me dijo que él
no era creyente en ese momento. Sin embargo, mientras se recupe-
raba en el hospital, compartió acerca de leer la Biblia que el grupo

de Los Gedeones había dejado junto a su cama. Alguien lo vio leyendo y le explicó las buenas nuevas de Jesús".

Trevor intervino: "Dios ciertamente estuvo obrando en la vida de tu abuelo todo el tiempo. Justo después de eso, ambos asistimos a la Cruzada Billy Graham en Londres de 1954 en Harringay. Y cuando Billy Graham predicó un sermón ardiente con una invitación apremiante para que pusiéramos nuestra fe en Cristo, el corazón de tu abuelo Peter se puso en acción. Se levantó de su asiento y caminó hacia el frente para orar, ¡entregando verdaderamente su vida a Jesús! Ese evento cambió su vida para siempre. Tu abuelo incluso se comprometió como compañero de oración para la Cruzada de toda Escocia de 1955".

Nuestra conversación reavivó un recuerdo sobre mi abuelo. "Recuerdo que el abuelo Peter dijo en broma que fue salvado por varias cosas: '¡Dios, la Biblia de Gedeón y Guinness*!'. Seguramente tenía un sentido del humor único, ¿no?"

El tío Trevor se rió entre dientes. "Sí, lo hizo. Siendo un buen inglés, sin duda había disfrutado de salidas ocasionales al pub. ¡Aparentemente, tu abuelo pensó que el contenido de hierro de Guinness de alguna manera fortalecía su cuerpo! Y qué ejemplo tan brillante", continuó el tío Trevor, "de cómo Peter a menudo compartía su propia combinación peculiar de la verdad y el humor de Dios".

Estaba agradecido con Dios al recordar las formas únicas en que mi abuelo vivía con alegría su vida al máximo. Difícilmente podía ir a ninguna parte sin contarle a la gente acerca de Jesús o compartir alguna porción de las Escrituras que lo había cautivado, todo mientras usaba su don inculcado por Dios del seco humor británico para romper el hielo.

"Ojalá el abuelo Peter todavía estuviera aquí", le dije al tío Trevor, "para poder contarle todo lo que Dios ha hecho. Recuerdo regresar de mi primer viaje a África cuando era muy joven. El abuelo Peter me preguntó: '¿Qué hizo Dios en tu viaje?'. Empecé a compartir todo lo que habíamos hecho, como pintar una iglesia y jugar con los huérfanos. Pero el abuelo quería saber qué había hecho Jesús. En ese momento, no tenía la madurez espiritual para entender lo que estaba preguntando el abuelo".

Hice una pausa, imaginando ese momento hace años. "Años más tarde, después de presenciar todo lo que Dios ha hecho, finalmente entiendo lo que el abuelo anhelaba escuchar. Quería que compartiera las historias de Dios, la actividad de Dios, el poder transformador de Dios en acción. Sé que el abuelo estaba interesado en mi vida y en lo que estaba haciendo por el reino. Pero el abuelo sabía quién era la verdadera estrella y figura central del cartel en cada historia, y era Su historia la que el abuelo quería escuchar. ¡No puedo esperar a que lo veamos en el cielo, tío Trevor, para que todos podamos regocijarnos juntos por todo lo que Jesús hizo entonces y todo lo que sigue haciendo!".

El tío Trevor sonrió de oreja a oreja: "¡Tu abuelo estaría tan orgulloso de ti y de todo lo que Dios está haciendo ahora!"

Estaba ansioso por saber más. "Entonces, volviendo a la historia, ¿qué pasó después?" Yo pregunté.

"Con todo lo que Dios estaba orquestando, tu abuelo y yo estábamos seguros de que Dios nos estaba llamando a dejar la Armada británica para ir al campo misionero. Pero había un problema. Nuestro compromiso de servicio militar aún no había terminado. Seguros del llamado de Dios y sintiendo la urgencia de abrazarlo, le pedimos a Dios un camino a seguir. Él proporcionó uno. En ese momento, podría pagar su salida del servicio militar. Entonces, pagamos nuestra salida de la Armada británica y partimos para recibir capacitación misionera a través de New Tribes Missions en los Estados Unidos.

"Cerca de la finalización de nuestro entrenamiento misionero, discerní en oración que Dios me llamaba a la India. Busqué ser enviado y apoyado por mi congregación local, una iglesia de Open Brethren Gospel Hall**. Desafortunadamente, no apoyarían este esfuerzo".

El tío Trevor se detuvo un momento, todavía desconcertado después de todos estos años por la decisión de la congregación. Con un tono de tristeza en su voz, continuó: "No creyeron en mi llamado a las naciones. Entonces, por fe, me aventuré por mi cuenta con poco apoyo, confiando en que Dios me proveería y abriría un camino. ¿Y sabes qué? ¡Él siempre lo ha hecho! Tu tía Rona (a quien conocí sirviendo en la India) y yo terminamos sirviendo en la India durante unos 40 años mientras tu abuelo confiaba en Dios con su asignación del reino: Mudarse a Wisconsin y comenzar un campamento cristiano mientras administraba una granja".

Tenía tantas preguntas y tan poco tiempo. Queriendo escuchar más aventuras que glorificaban a Dios del tío Trevor, le pregunté: "Sé que a menudo fuiste a inspeccionar áreas no alcanzadas de la India. ¿Puedes hablarme de uno de los encuentros tribales más interesantes que tuviste?"

El tío Trevor sonrió y amablemente lo agradeció. "Había una tribu en particular que sentimos que Dios quería que explioráramos. Otros nos advirtieron y dijeron: '¡No vayas! son criminales Cada vez que alguien va allí, son asesinados. ¡Es demasiado peligroso! Respondí: ¡Iremos de todos modos! No necesitamos tener miedo. Jesús está con nosotros. ¡Y si morimos, iremos al cielo! Por lo tanto, no tenemos nada que perder.

"Así que nos fuimos a la tribu. Cuando llegamos al pueblo, el jefe se me acercó. No estaba seguro de qué esperar ni de lo que podría decir o hacer. Pero lo que sucedió fue mucho más allá de cualquier expectativa".

Intrigado y lleno de anticipación, me incliné hacia adelante en mi silla, escuchando al tío Trevor.

El tío Trevor continuó: "¡El jefe me levantó en sus brazos y, escucha esto, comenzó a bailar! Sin saber realmente qué hacer, oré rápidamente y, después de que el jefe me bajó, sentí que debía levantarlo y bailar también. ¡Así que eso es lo que hice! Tomando al jefe en mis brazos, lo levanté y bailé alrededor. Como te puedes imaginar, ¡fue todo un espectáculo! Más tarde descubrí que esto era una señal de aceptación entre el grupo de personas. Dios abrió una puerta y abrió un camino para nosotros".

Las personas como el tío Trevor, que dan su vida entera por la causa del reino, me asombran. Su vida ha estado constantemente marcada por un gozo contagioso, una generosidad inmediata, una alegría constante y una pasión imperecedera por ver a los perdidos encontrarse con Jesús. El tío Trevor ha arriesgado su reputación, su familia, sus finanzas e incluso su propia vida.

Mi tío, el embajador de Dios, nunca parece preocuparse por lo que los demás piensan de él, de dónde vendrá su provisión, su posible falta de habilidades, la seguridad de su familia o si tomará otro respiro. Para muchos, es muy fácil sentirse inseguros, preguntándose y preocupándose por estos problemas de la vida. ¿Cómo podía Trevor vivir de esa manera? ¿De dónde viene su confianza? Creo que el tío Trevor ha abrazado intensa y apasionadamente la gran incógnita de la vida porque se ha sentido atrapado por una realidad mayor: La seguridad radical. Debido a que Jesús tiene toda la autoridad, podemos experimentar una seguridad radical (Mateo 28:18; Efesios 1:20–21).

La gente puede venir en nuestra contra, nuestro próximo cheque de pago puede ser incierto y nuestras deficiencias pueden ensombrecernos y paralizarnos. Nos podemos derrumbar cuando escuchamos las mentiras, las distracciones y el desánimo del enemigo: ¿No te equivocaste la semana pasada o incluso esta mañana? ¡No tienes lo que se necesita! ¿Cómo puedes mantenerte firme cuando surge la oposición? ¡Deberías tener miedo de dar otro paso adelante dadas todas las incógnitas! Muchos de nosotros permitimos que nuestras batallas internas, así como los susurros de Satanás, derrumben la causa de Cristo en nuestras vidas.

Si sientes que esto te describe, no estás solo. En el contexto de la Gran Comisión, incluso los discípulos que acababan de encontrar a Jesús resucitado dudaron (Mateo 28:17). Y la respuesta de Jesús a ellos no fue: "¡Tienes razón! Tus dudas y luchas son demasiado grandes para mí. Asegúrate de resolverlos todos antes de que te envíe a hacer discípulos de todas las naciones". No, Jesús les dijo: "Toda autoridad me es dada en el cielo y en la tierra. Id, pues, y haced discípulos. . ." (Mateo 28:18–19).

No "vamos a hacer discípulos" porque tenemos el entrenamiento exacto, las habilidades, el pedigrí espiritual o alguna habilidad especial para superar nuestras luchas. Vamos por toda la tierra y hacemos discípulos porque Jesús, el que tiene toda autoridad, ya ha dicho: "¡Vayan!". Su autoridad no solo es lo suficientemente grande como para vencer nuestras batallas internas y los avances de Satanás, sino más que suficiente para aplastar cualquier cantidad de resistencia que presenten las personas que nos rodean, ya sea un vecino, un compañero de trabajo, un miembro de la familia, un grupo de personas o la restricción gobierno de todo una nación. La autoridad de Dios nos proveerá con todo lo que necesitamos, para cada situación.

Pase lo que pase, Jesús tiene toda la autoridad, en el cielo y en la tierra (Mateo 28:18). Él está definitivamente y con seguridad a cargo. Jesús nos sostiene firmemente en Su mano, y nadie nos puede arrebatar de Él (Juan 10:28). Y absolutamente nada que encontremos puede separarnos de Él (Romanos 8:39). Dios es todo suficiente; Él provee todo lo que necesitamos para la vida y la piedad (2 Pedro 1:3). De hecho, Jesús mismo es todo lo que necesitamos. Puedes estar seguro de esa verdad. No tienes por qué asustarte. Puedes vivir seguro mientras vives radicalmente. Puedes vivir una vida marcada por la seguridad radical.

¿Ahora qué?

- ¿Qué te provoca la mayor inseguridad en tu vida? Imagina que no fueras controlado por tus inseguridades.
- ¿Qué necesitarías para vivir con una sensación de seguridad radical?
- A la luz de Su autoridad, ¿qué puedes hacer específicamente esta semana para comenzar a vivir con una seguridad radical?

* Nota del traductor: Guiness es la marca de una cerveza de origen irlandés.

DIEZ
UNA MENTE EN MOVIMIENTO

AL FINAL de una caminata de cuarenta y cinco minutos por la montaña detrás de su casa, Mary entró en el pueblo de Mandagow. Se aventura regularmente a varios pueblos, llevando el mensaje de Jesús a aquellos que lo necesitan desesperadamente.

En este viaje, Mary se encontró con dos mujeres que estaban enfermas y desanimadas. Una de ellas compartió: "No podemos salir de nuestro pueblo debido al dolor extremo en nuestras piernas. Apenas podemos pararnos o caminar".

"¿Has probado algún medicamento?" preguntó Mary.

"Sí, hemos probado la medicina tradicional tribal, e incluso hemos ido al médico. Nada ha ayudado.

Mary se acercó con confianza. "Déjame orar por ti".

Mary buscó fervientemente a Jesús, orando: "Señor, ¿ayudarás a estas mujeres? ¡Oro para que sanes sus piernas en el nombre de Jesús!"

Después del "amén", las mujeres miraron hacia arriba y una exclamó emocionada: "Nuestras piernas se sienten mejor. ¡Y podemos caminar! ¡Dios nos sanó! Nunca ha funcionado nada. . . hasta ahora."

Mary aprovechó el momento e inmediatamente comenzó a

enseñarles a estas mujeres acerca de Jesús y lo que Él ha hecho por nosotros. Las mujeres no necesitaban ser convencidas; Dios ya había revelado Su poder. ¡Ellos dieron sus vidas a Jesús en ese mismo momento!

Durante la semana siguiente, Mary enseñó a las mujeres a vivir como discípulas: obedeciendo los mandamientos de Jesús por amor a Él. ¡Las dos mujeres, aunque mayores en años, comenzaron a correr sus carreras con celo juvenil!

Mary recordó con entusiasmo la historia. "Estas mujeres son bastante divertidas en realidad", explicó Mary. "Le cuentan a cada persona que ven acerca de Jesús. No pueden encontrarse con una sola persona sin hablar de Jesús. ¡Después de un saludo mutuo con quienes se encuentran, inmediatamente comienzan a proclamar quién es Jesús y cómo ha obrado en sus vidas!

"Y la gente cree genuinamente en Jesús cuando estas mujeres comparten sus testimonios. ¡Todos pueden ver la evidencia de lo que Dios ha hecho, no solo en sus cuerpos sino también en cómo ha transformado sus vidas!"

El mensaje no terminó con estas dos mujeres. Dios nunca tuvo la intención de hacerlo. Su deseo es que el mensaje del evangelio llegue a todos. Las dos mujeres no necesitan que se les obligue. Cuando las "buenas noticias" son buenas noticias para usted, no puede esperar para compartirlas con los demás. Eso es exactamente lo que hicieron las mujeres. En el tiempo que Mary había comenzado a entrenar a sus nuevas hermanas en la fe, ya habían compartido las buenas nuevas con otra mujer. Esa mujer entregó su vida a Jesús, y las mujeres comenzaron a entrenarla de la misma manera que Mary las estaba entrenando. Un mini movimiento había comenzado.

Antes de 2014, el pueblo Hadzabe no tenía Biblia, ni reuniones en la iglesia, ni discipulado en su idioma. Ahora los hadzabe tienen todo el Nuevo Testamento y gran parte del Antiguo Testamento en su idioma, la evangelización se lleva a cabo de aldea en aldea, y Mary ha iniciado una reunión local de iglesia en casa junto con otras personas de la zona.

Cuatro años después de poner un pie entre el pueblo hadzabe, recibimos un correo electrónico de un antropólogo estadounidense. Este antropólogo había estado trabajando con los Hadzabe durante más de diez años y estaba investigando "cómo las creencias religiosas pueden afectar ciertos comportamientos como la cooperación y el buen comportamiento moral". Dijo: "He realizado cientos de entrevistas sobre las creencias religiosas Hadza tanto en 2013 como en 2014". Pero lo que nos tomó por sorpresa fue esta declaración en el correo electrónico: "He notado un fuerte aumento en el cristianismo". Resulta que el investigador nos envió un correo electrónico para preguntarnos qué habíamos hecho para que esto fuera posible. La obra de Dios entre el pueblo Hadzabe confirmó Su corazón para multiplicarse en un movimiento.

Entonces, ¿cómo crece un movimiento de una chispa a un incendio forestal? ¿Cómo avanza y se expande el movimiento del Reino de Jesús?

Creo que Pablo comparte el secreto cuando le escribe a Timoteo: "...lo que has oído de mí en la presencia de muchos testigos, eso encarga a hombres fieles que sean idóneos para enseñar también a otros" (2 Timoteo 2:2). ¿Lo viste? ¡No una, ni dos, ni tres, sino cuatro generaciones espirituales están incluidas en este versículo! De Pablo a Timoteo a "gente confiable" a "otros". Movimiento del reino, ¡no por adición sino por multiplicación! Pablo proporciona el marco para iniciar un movimiento a través de la multiplicación espiritual.

Es la misma sabiduría que mi tío abuelo aprendió y me transmitió. "Mi mayor aprendizaje del campo misional es este", me dijo el tío Trevor una vez: "Enseña a otros a hacer lo que tú no puedes hacer. E incluso si puedes hacerlo, enséñales de todos modos". El mayor aprendizaje del tío Trevor fue un reflejo perfecto de 2 Timoteo 2:2.

Hay un movimiento de Jesús entre los Hadzabe porque se está produciendo una multiplicación espiritual. Nadie está tratando de contener el fuego. Nadie está tratando de apagar el celo por Jesús. Nadie está reservando la misión para los "más educados" o "capaces". Más bien, la gente común se está convirtiendo en un iniciador de fuego radical para el reino. Como tizones en un incendio forestal, están siendo enviados por el soplo del Espíritu Santo para compartir el mensaje de Dios con la gente y las aldeas de los alrededores. ¡Y Dios está encendiendo corazones y transformando vidas!

María no es la única que enseña a los demás. Ella está enviando a otros a hacer lo mismo. A su vez, también están enviando a otros a hacer lo mismo. Unos entrenando a otros, y estos a su vez entrenando a otros. Cualquiera que cree en Jesús comparte a Jesús. Y cualquiera que comparte a Jesús enseña a otros a obedecer a Jesús. Los Hadzabe han adquirido una mentalidad de movimiento.

Aquellos que adoptan una mentalidad de movimiento son testigos de una ¡increíble transformación del reino que se multiplica! La multiplicación espiritual y los movimientos multiplicadores no se limitan a los Hadzabe y su historia. Una persona a la que equipamos en un país asiático musulmán simplemente comenzó a compartir acerca de Jesús todos los días y equipó a otros para que hicieran lo mismo. En solo seis meses, más de seiscientos nuevos creyentes entregaron sus vidas a Jesús—nuevos creyentes que abarcan diez generaciones espirituales y se reúnen en diez iglesias en casas.

Hay una alegría que surge al multiplicar a otros. Una alegría que viene en el cumplimiento de la misión de Dios. Un gozo de ver paz y contentamiento en el rostro de un nuevo creyente. Y un gozo al saber que, cuando estén empoderados, los pies de los corredores de lodo que se multiplican llevarán el evangelio a lugares donde nuestros pies nunca lo harán, impactando a personas a las que nunca podríamos llegar.

Nunca olvidaré el día en que una señora de la limpieza se me acercó mientras estaba sentado leyendo la Biblia en el vestíbulo de un hotel. Con entusiasmo señaló mi Biblia.

"¡Hola, lees la Biblia!" dijo la mujer en un inglés entrecortado. Ninguno de nosotros conocía el idioma del otro lo suficientemente bien como para conversar realmente, así que abrí la aplicación

Google Translate en mi teléfono para ver si podíamos tener una conversación sencilla.

Le hablé a mi teléfono: "¡Sí, estoy leyendo la Biblia! ¿Eres cristiano? Instantáneamente y algo mágicamente, una voz en español habló desde mi teléfono (aunque con un acento robótico).

"Sí, soy creyente", declaró mecánicamente mi teléfono después de que la mujer hablara por mi teléfono, sonriendo de oreja a oreja.

"¿Cómo te llamas?" Le pregunté a mi nueva amiga.

"Mi nombre es María."

No pude evitar pensar, la forma en que María se acercó tan alegremente a un extraño que lee la Biblia me hace creer que realmente ama a Jesús. Tenía la sensación de que la vida de María era una luz brillante para muchos, así que profundicé un poco más la conversación. "María, mientras caminaba y pasaba tiempo aquí, siento que este lugar es espiritualmente oscuro. Eres una luz brillante en un lugar oscuro. Gracias por su ministerio diario a todas las personas con las que te encuentras".

"Muchas gracias, muchas gracias", dijo María, en palabras que yo mismo pude traducir.

"¿Puedo orar por ti?" Le ofrecí.

"Por supuesto."

Puse mi mano sobre el hombro de María y oré en inglés sin ninguna traducción. Cuando terminé de orar, miré hacia arriba. Las lágrimas llenaron los ojos de María y rodaron por sus mejillas. Agarró mi teléfono y declaró a través de Google Translate: "Muchas gracias por orar. Significa mucho para mí. ¡Quiero que sepas que hoy compartiré a Jesús con todo el personal del hotel!"

Me sorprendió y asombró el poder de Dios en un momento tan simple. Había orado por el impacto de Dios en la vida de María y por el movimiento de Su reino a través de su vida. ¡El Espíritu de Dios pareció grabar mi oración en su corazón! Nunca podría llegar a todo el personal del hotel, ni siquiera sabría cómo empezar. ¡Pero María podía y dijo que lo haría! Nunca se sabe hasta dónde llegará un pequeño acto para estimular un movimiento.

Creo que vivir con mentalidad de movimiento es lo que Jesús

pretendía para cada creyente cuando nos comisionó a "Id, pues, y haced discípulos a todas las naciones" (Mateo 28:19). Si bien Jesús sabía que no todos los creyentes pondrían un pie en todas las naciones, aun así Él proyectó una visión de discípulos que hacen discípulos entre todos los grupos de personas etnolingüísticas del planeta, aquí, allá y en todas partes. Hacer discípulos de todas las naciones requiere una seria multiplicación de amantes de Jesús con mentalidad de movimiento. Debemos multiplicar continuamente a otros si realmente nos tomamos en serio el cumplimiento de la visión de Jesús de alcanzar las regiones del mundo que aún no han sido alcanzadas.

¿Ahora qué?

- ¿Cómo sería vivir con una mentalidad de movimiento en tu contexto?
- ¿Quién es una persona en la que puedes comenzar a invertir tu tiempo ahora mismo, equipándolo para obedecer a Jesús y luego entrenándolo para ir y hacer lo mismo?
- Ve a MultiplyingMovements.com y consulta la "Herramienta de discipulado para los seguidores cotidianos de Jesús", diseñada para equipar a los corredores de lodo como tú para multiplicar espiritualmente a otros para el movimiento del reino de Dios.

ONCE
UN PUNTO DE MÁXIMA LUMINOSIDAD

JUSTO AFUERA DE la casa de adobe de dos habitaciones de Mary en África oriental, Nathan, Bai y yo nos sentamos en tambaleantes sillas de madera mientras Mary nos preparaba tazas de chai. Miré al otro lado de la mesa a Bai. Era callado y de voz suave. Parecía tener una sensación de fuerza interior mientras luchaba igualmente con una confusión interna más profunda.

Casualmente comencé la conversación preguntando: "Entonces, Bai, ¿de dónde eres?"

"Mi familia es de la ciudad principal", respondió, "pero vine al monte por trabajo".

La pregunta de seguimiento obvia se derramó de mis labios: "¿A qué te dedicas en el trabajo?"

"Soy agricultor y también trabajo en las minas no muy lejos de aquí", dijo con naturalidad.

Mary sirvió el chai. Tomamos unos sorbos y continuamos nuestra conversación. Sentí que Dios deseaba que fuéramos más profundo.

"Bai, ¿has nacido de nuevo?" Yo pregunté. (En una nota al margen rápida: en el este de África, el término "nacido de nuevo" se usa para describir a los seguidores comprometidos de Jesús, mientras que el término "cristiano" a menudo equivale a solo tener conocimiento sobre Jesús sin tener una relación con Él).

"No", respondió Bai. Su tono sugería la confusión interna que percibí en él. Continuó: "¿Cómo podría Dios preocuparse por mí? ¡Estamos hambrientos! Trabajamos duro en la granja, pero nuestras cosechas no van bien. No hay suficiente lluvia. estamos sufriendo ¿Cómo es posible que Dios se preocupe por nosotros mientras esto sucede?".

"Lamento mucho tu dificultad", respondí con el corazón apesadumbrado. "Jesús se preocupa mucho por ti. Creo que incluso está llorando contigo en tu sufrimiento".

Bai se inclinó hacia adelante, escuchando atentamente.

"Y Bai", continué, "¡Jesús promete que te dará todo lo que necesitas si confías en Él! Él proveerá para ti. En Mateo 6:33, Jesús dice: "... buscad primeramente el reino de Dios... y todas estas cosas os serán añadidas".

Nathan añadió. "Bai, déjame decirte cuánto se preocupa por ti. ¡En el principio Dios creó todo lo que vemos!"

Nathan recogió un poco de tierra y la sopló con entusiasmo y agregó: "Y Dios sopló en el polvo para crear al hombre, y todo estuvo bien. Pero como humanos, elegimos pecar y desobedecer a Dios, por lo que fuimos separados de Él. Entonces, Dios envió a Su hijo Jesús a la Tierra, y Jesús murió en la cruz para pagar por nuestros pecados. Luego resucitó de entre los muertos. ¡Y ahora si creemos, podemos tener una amistad con Jesús! Jesús cambió mi vida por completo y también puede cambiar la tuya, Bai".

Nuestro nuevo amigo lo estaba asimilando todo.

"Entonces, Bai, ¿qué piensas?" Yo pregunté. "¿Quieres confiar en Dios y comenzar una amistad con Jesús? Jesús no quiere que luches solo. Él quiere estar contigo".

"Sí, quiero hacerlo. Estoy listo para entregar mi vida a Jesús", dijo Bai con seriedad. Y justo en ese momento, con una taza de chai, Bai oró para comenzar una vida con su Señor y Salvador, Jesucristo.

No teníamos idea de cuán rápido esta chispa estallaría en

llamas. Una semana después, Bai compartió con nosotros una noticia inesperada. "La oscuridad siempre me ha atormentado y paralizado de miedo", explicó. "Nunca duermo bien porque pesadillas terriblemente aterradoras siempre me han plagado la mente, incluso siendo ya un hombre adulto.

¡Pero Jesús lo ha cambiado todo! Después de orar para seguir a Jesús, toda la oscuridad desapareció por completo. ¡Ahora duermo como un bebé!".

Nos regocijamos con él. "¡Bai, eso es increíble!" Yo dije. "Jesús es asombroso, ¿no es así?"

"Sí, y también he estado leyendo la Biblia esta semana. Me conmovió mucho la historia en la que Jesús sanó a un leproso en sábado y los líderes religiosos se enojaron. Ahora me doy cuenta de que Jesús puede sanar a cualquiera, en cualquier lugar, en cualquier momento. Si bien los líderes religiosos realmente se preocuparon por los días específicos, se olvidaron de las personas reales. Jesús no se olvidó. Realmente se preocupaba por la gente". Nos miró en busca de confirmación y preguntó: "¿Estoy entendiendo esto correctamente?"

"¡Sí, lo estás haciendo perfectamente! El Espíritu de Dios ya te está enseñando claramente, hermano", afirmé.

Me conmovió mucho lo mucho que Bai ya estaba empezando a entender. Jesús ya estaba revelando Su corazón a Bai en formas palpables y poderosas. Y Dios ha continuado escribiendo la historia de Su reino en y a través de la vida de Bai.

Nuestro encuentro con Bai no fue un evento ministerial planificado. Estábamos simplemente sentados y bebiendo una taza de té. No había nada notable o extraordinario en el calendario ese día mientras pasábamos el tiempo bebiendo chai alrededor de la mesa de Mary. ¡Pero Jesús convirtió nuestros minutos cotidianos en un momento del reino en la vida de Bai!

Me encanta cómo lo expresa Pablo, el escritor de Colosenses: "Andad sabiamente para con los de afuera, aprovechando bien el tiempo" (Colosenses 4:5). En el idioma griego y la cultura de la época de Pablo, había dos palabras para transmitir el concepto de tiempo: kairos y cronos. Cronos puede entenderse simplemente por un reloj o un calendario. Los segundos pasan, los minutos pasan, los días van y vienen y los meses se convierten en años. El tiempo sigue moviéndose cronológicamente y no se puede detener. Por otro lado, kairos es más como un fósforo que se enciende, o un punto de máxima luminosidad. Es un tipo de momento especial del tiempo.

Me parece interesante que Kairos fuera el nombre de un dios griego que tenía un mechón de cabello rizado en la parte delantera de la cabeza pero era calvo en la parte posterior. Se decía que cuando este dios se acercaba a una persona, ésta podía agarrar su pelo para aprovechar el momento. Pero si este dios pasaba de largo por una persona, nunca volverían a recuperar ese momento. El momento se habría ido para siempre porque nadie podía agarrar la parte posterior de la cabeza calva de Kairos mientras se deslizaba. ¡Me imagino que le habrán lustrado la cabeza con saliva!

Kairós resulta ser la palabra que usa Pablo en este versículo específico. ¡Aprovecha el momento entre extraños! ¡Haz el mejor uso del tiempo! ¡No lo dejes pasar! Es crucial que aprovechemos los momentos potenciales del reino en medio de nuestros minutos cotidianos, o esas oportunidades pueden pasar y nunca regresar.

Cuando nos movemos demasiado rápido y corremos demasiado frenéticamente, viviendo como personas con visión de túnel, tímidas, temerosas o ensimismadas, a menudo perdemos oportunidades que están justo frente a nosotros, oportunidades que corremos el riesgo de nunca recuperar.

Ahora, mira esto: es digno de mención que Pablo nos dice: "Andad sabiamente" (Colosenses 4:5, cursivas mías). Si corremos demasiado rápido demasiado pronto, será difícil llegar a la meta. A veces necesitamos ralentizar nuestra carrera por el bien del resultado a largo plazo y terminar bien nuestra carrera. A veces, nuestra carrera puede parecerse un poco más a una caminata rápida mientras hacemos pausa para realizar un inventario de lo que está justo frente a nosotros. De todos modos, es importante, mientras corremos, movernos al paso de Dios bajo la dirección de Su Espíritu.

Jesús quiere convertir nuestros minutos cotidianos en momentos para Su reino, momentos designados a menudo fuera de nuestros planes previamente programados. La carrera que estamos corriendo a menudo está llena de oportunidades invisibles, oportunidades que pueden estar esperando en la forma de la siguiente persona sentada frente a ti en la mesa del almuerzo, en la fila de una tienda de comestibles, en una conversación en las redes sociales o en un proyecto colaborativo para la escuela o el trabajo. Es probable que la siguiente persona con la que te encuentres esté destinada a algo más que una conversación informal. Cada encuentro, evento diario e intercambio casual está listo para una conversación significativa del reino. ¿Reducirás tu ritmo lo suficiente como para mirar más allá de tus minutos a los momentos potenciales que Dios puede tener para ti? Si lo haces, en realidad avanza el reino de Dios más lejos, más rápido y da la seguridad de que no has perdido nada de lo que Dios tiene para ti en el camino.

¿Ahora qué?

- ¿Estás actualmente más impulsado por tu calendario, planes y las demandas ocupadas de la vida, o por la agenda de Dios? ¿Cómo es eso?
- ¿Cuáles son algunos lugares en tu vida cotidiana en que podrías estar pasando por alto posibles momentos del reino?
- A partir de esta semana, ¿qué harás para recordarte a sí mismo que debes mirar más allá de tus minutos para aprovechar los momentos del reino?

DOCE
ATRAPADO EN TINIEBLAS

DESDE QUE COMENCÉ A CORRER la carrera por la causa de Cristo, he experimentado algunos de los mejores días de mi vida, y algunos de los peores. El día del que les voy a hablar fue uno de los peores.

Mahee-uh, un aldeano tribal, se nos acercó y nos preguntó: "¿Llevarán a mi hija al hospital? Ella está enferma."

Mary y Nathan se reunieron conmigo para orar y buscar la dirección del Señor sobre qué hacer. Queríamos ser buenos mayordomos del tiempo y los recursos de Dios. Decir que sí a todas las solicitudes en lugares como el este de África puede convertirlo rápidamente en un conductor de ambulancia o taxi.

"Señor, ¿qué quieres que hagamos?" oramos

"Esperar" es lo que los tres sentimos que era la dirección de Dios mientras orábamos.

A la confirmación se sumó la información de que un médico africano de la zona ya le había dado a la niña algún tipo de medicamento. Entonces, esperamos.

Tres días después, un miembro de la tribu irrumpió en nuestro campamento. Su pecho latía con fuerza, el pánico llenó sus ojos. Le temblaba la voz al lograr verbalizar lo que venía a decirnos: "¡Síganme!".

Rápidamente nos levantamos y lo seguimos mientras hacíamos la carrera de dos minutos a través del monte. Mahee-uh estaba de rodillas, acunando su hija, Joyce, en sus brazos. Ella estaba perdiendo y recuperando la conciencia y tosiendo sangre. Teníamos que hacer algo. ¡No podíamos simplemente sentarnos y ver morir a Joyce!

Agarramos nuestras mochilas que contenían equipo de viaje esencial y empacamos en nuestro pequeño sedán Suzuki. El hospital estaba a varias horas de viaje. Conduje lo más rápido que pude mientras intentaba evitar baches profundos y sortear rocas grandes que seguramente perforarían nuestro tanque de gasolina (lecciones que ya había aprendido de la manera difícil una o dos veces).

Cuando llegamos al hospital, los médicos se movían mucho más lento que la urgencia con la que latía nuestro corazón, que percibíamos era necesaria para la situación de Joyce. Tratamos de ser pacientes. Después de todo, nosotros no éramos los médicos y esta no era nuestra patria. Acostaron a Joyce en una cama y comenzaron a revisar sus signos vitales. Los médicos continuaron entrando y saliendo mientras atendían a otros pacientes. Mientras tanto, las manos de Joyce se volvieron más y más frías. Mucho más rápido que el viaje en automóvil que la llevó allí, el cuerpo de Joyce quedó decaído. Ella se fue.

Mahee-uh se derrumbó sobre el cuerpo sin vida de Joyce. Comenzó a llorar incontrolablemente mientras gritos agonizantes perforaban el silencio ensordecedor. Oré en silencio. No tenía ni idea de qué hacer. ¿Qué podría decir? ¿Qué podría hacer para aliviar la pérdida y el dolor de Mahee-uh? Ninguna palabra sería suficiente.

Llevamos el cuerpo de Joyce de regreso al auto. El viaje silencioso de regreso al pueblo pareció el doble de largo que nuestro viaje de ida. Al llegar al pueblo, la negrura de la noche coincidía con las sombras que oscurecían nuestros corazones. Los miembros de la tribu de todas las direcciones comenzaron a dirigirse al automóvil para ver qué pasaba. Tan pronto como sus ojos se encontraron con los nuestros, lo supieron. Sus gritos lastimeros resonaron como los de Mahee-uh. Estaban de duelo con él y por él.

Mahee-uh habló. "Me he estado quedando en la casa de Kiula. Podemos poner el cuerpo de Joyce allí. Ahora, la cabaña de Kiula estaba separada del resto del pueblo. Conflictos pasados entre Kiula y el resto del pueblo hicieron necesaria la distancia. En la actualidad, las tensiones habían disminuido y eran al menos tolerables.

Sin embargo, cuando la procesión se dirigía hacia la choza de Kiula, él gritó: "¡No! No traigas el cuerpo a mi casa. ¡Todos siempre me ponen sus problemas sobre mí!"

¡La multitud se enfureció! Inmediatamente comenzaron a recoger piedras para apedrear a Kiula hasta matarlo. Tomado por sorpresa, retrocedí hacia el coche. Surgió la hostilidad y el potencial de violencia extrema se intensificó, ¡y rápido! Un amigo pastor africano que estaba en misión con nosotros se abrió paso entre empujones y separó a la multitud de Kiula. Finalmente, todos se calmaron lo suficiente como para dejar caer sus piedras y Kiula regresó a su cabaña.

Mahee-uh habló de nuevo. "Bien. Podemos dejar el cuerpo en las cabañas al otro lado del pueblo.

Condujimos hasta las otras cabañas y pusimos el cuerpo de Joyce en el suelo frío y duro. Los aldeanos se reunieron alrededor. Todavía enojados por la decisión de Kiula, comenzaron a ridiculizarlo en su típica forma de hablar, rápida e incisiva.

Después de un tiempo, interrumpí al grupo. "Estoy de acuerdo con todos ustedes. Kiula está equivocado. Debería haberte dejado poner el cuerpo en su casa. Pero necesito preguntarte algo. Todos ustedes dijeron que quieren seguir a Jesús, ¿verdad?

"Sí, lo hicimos", respondieron, algunos asintiendo con la cabeza.

Continué: "Les compartimos que Jesús murió para perdonar sus pecados y que Él nos enseña a perdonar a los demás de la misma manera que Él nos ha perdonado a nosotros. Por lo tanto, debes perdonar a Kiula por esta terrible acción". Ellos asintieron en silencioso acuerdo.

"Mahee-uh, queremos darte un regalo. Sabemos que perdiste a tu primera esposa, la madre de Joyce, y ahora ha perdido ese linaje como resultado. Y sabemos que te gustaría enterrar a Joyce con su madre. Por la mañana, lo llevaremos a su pueblo natal para que esto sea posible".

Nos agradeció. Después de un día largo y agotador, cada uno de nosotros se dirigió a la cama.

A la luz del día, nos metimos en el pequeño sedán Suzuki para uno de los peores viajes de mi vida. Conduje y Nathan se sentó en el asietno del pasajero. En la parte de atrás estaba Mary, nuestro amigo pastor africano, Mahee-uh, y su esposa. . . y el cuerpo de Joyce tendido sobre sus regazos. A los pocos segundos de alejarse de las cabañas, un olor repugnante llenó el auto. El cuerpo de Joyce ya había comenzado a descomponerse por el calor. Bajé la ventanilla y murmuré una oración. El largo viaje había tenido un comienzo difícil. Tuvimos que subir senderos de montaña llenos de rocas de tamaño considerable. Mi mala elección de vehículo fue rápidamente evidente; ¡el Suzuki no fue diseñado para un terreno tan intenso! Me preguntaba si podríamos colapsar o, peor aún, quedarnos varados en medio de la maleza y nunca llegar a la aldea natal de Mahee-uh.

A pesar de la dificultad de navegar por el terreno accidentado de los "caminos" improvisados de arbustos durante medio día, llegamos a la aldea (¡seguramente gracias a las oraciones del tamaño de una semilla de mostaza y la gracia de Dios!). Algunas de las mujeres del pueblo tomaron el cuerpo de Joyce y lo prepararon para el entierro. Limpiaron el cuerpo y lo envolvieron en tela blanca. Mientras tanto, nos unimos a los hombres para cavar la tumba de Joyce. Aunque cada uno de nosotros tomó turnos, cada uno de nosotros estaba empapado en sudor cuando terminamos.

Mientras estábamos cavando, comenzó la conmoción en el pueblo.

Pregunté: "¿Qué está pasando?"

"Alguien ha cortado cierta parte del cuerpo de Joyce por bruje-ría. Están discutiendo y tratando de averiguar quién lo hizo".

Justo cuando pensábamos que estos dos días no podían ser más oscuros, la oscuridad pareció engullirnos. Como dice la expresión común, "Cuando llueve, llueve a cántaros". Nos encontramos hundidos en los charcos de lodo de la depravación humana, y está-bamos hundidos. ¡Solo a través de la luz de Jesucristo podría haber esperanza para un momento como este!

Prevalecieron las voces más tranquilas y la disputa por la brujería quedó resuelta, al menos lo suficiente como para dar comienzo a la ceremonia. Poco después, todos se reunieron. Durante la ceremonia, los líderes tribales nos pidieron hablar. Me puse de pie, con el corazón apesadumbrado.

Sabiendo que sólo el mensaje de Jesús podía sacar el bien de tanta oscuridad, hablé. "Lamentamos mucho la muerte de Joyce", dije. "Esta es una tragedia terrible. Nuestros corazones están en mucho dolor con ustedes".

Mientras continuaba, declaré el evangelio de Jesucristo. ¡Jesús, el que asumió la muerte, se levantó de entre los muertos y probó su poder sobre la muerte! Jesús es la única esperanza sólida que tiene nuestro mundo. Al terminar el mensaje, invité al pueblo a poner su esperanza en Jesús, el que tiene poder sobre la muerte. Muchas personas respondieron. ¡Creyeron en Jesús y le dijeron que sí por primera vez! Por fin, surgió un atisbo de esperanza, un destello de luz y un soplo de aire fresco. La luz comenzó a hacer retroceder a la oscuridad.

Todavía no puedo responder por qué Joyce tuvo que morir, ni lo entiendo completamente. Es difícil describir el sentimiento con el que me senté, preguntándome una y otra vez si había algo que podríamos haber hecho de manera diferente que hubiera evitado que Joyce muriera. Tres cosas eran ciertas: hicimos todo lo posible para seguir la guía de Dios, esperamos y Joyce perdió la vida. Si bien tales tensiones son difíciles de soportar al mismo tiempo, creo que se puede confiar en Dios en todas ellas.

También luché con el destino de Joyce, sin saber con certeza dónde pasará la eternidad. Pero lo que sí sé es esto: Joyce escuchó las buenas nuevas antes de morir. Su familia escuchó las buenas nuevas. Su muerte nos brindó la oportunidad de presentarnos en un pueblo no alcanzado, amarlos de manera tangible y proclamar el mensaje de Jesús. ¡Y en ese día, muchos en el pueblo dieron sus vidas a Cristo!

Y esto lo sé con más certeza: Dios sacó vida de la muerte. Mientras la muerte física visitó a la familia de Mahee-uh ese día, fuimos testigos de cómo la vida espiritual se infiltraba en la muerte y la oscuridad. Jesús brilló victoriosamente a través de la muerte, la destrucción y la oscuridad de su aldea para los propósitos de Su reino. El Evangelio de Juan lo dice así: "Y la luz brilla en las tinieblas, y las tinieblas no la comprendieron". (Juan 1:5). Al igual que con la gente en los días del profeta Isaías, el pueblo ahora puede decir: "[Nosotros,] el pueblo que andaba en tinieblas [ahora] ha visto una gran luz" (Isaías 9:2). ¡Habían sido liberados de una vida de esclavitud al temor de morir (Hebreos 2.15)!

Habiendo comenzado la carrera, ¿ya te has encontrado con la oscuridad? Imagino que sí. Pero si no, lo harás. Y cuando lo hagas, ten la seguridad de esta realidad: la luz brilla mucho más en la oscuridad. La oscuridad brinda la oportunidad para que Su luz brille aún más en tu vida.

Dios finalmente ha sacado vida de la muerte a través de la cruz de Cristo. Y si Dios sacó vida de la muerte en el pueblo de Mahee-uh, ciertamente puede sacar vida de la muerte dondequiera que pongas un pie. Cuando estés sumergido en los charcos de lodo de la depravación humana y la desesperación esté por todas partes, ¡no olvides que nuestro Dios saca vida de la muerte y luz en medio de la oscuridad! La luz está a la vuelta de la esquina. ¡Esperar! Abraza el lodo. ¡Seguir!

¿Ahora qué?

- ¿En qué momento te enfrentaste a dificultades inimaginables, oscuridad o la depravación de la humanidad?
- ¿Viste algún destello de la luz de Cristo en esa situación? ¿Cómo es eso? Si aún no lo ha hecho, continúa aferrándote a Cristo. ¡Su luz finalmente prevalecerá!
- ¿De qué manera el saber que nuestro Dios saca vida de la muerte cambia tu perspectiva sobre la vida, la oscuridad y la dificultad?

TRECE
EL MAPA DE NUESTRA CARRERA

"¿FUI yo o Dios? ¡Supongo que lo descubriremos! Esa fue mi reacción a las audaces palabras que habían destellado en mi mente. Un amigo y yo estábamos orando para prepararnos para un viaje a una tribu no alcanzada en un importante país insular del sur de Asia. Mientras armábamos un plan de acción para el viaje, dije: "Oremos y preguntemos a Jesús si tiene algo que mostrarnos".

Había estado leyendo varios artículos sobre este pueblo tribal no alcanzado en específico mientras Dios continuaba cargando mi corazón por ellos. Mientras orábamos, "Jesús, ¿tienes algo específico que quieras que hagamos allí?" estos pensamientos destellaron inmediatamente en mi mente y pesaron en mi corazón: "Encuentra al Jefe Saduwara Wanujitha. Él está buscando más. Lo quiero."

¡Intenta decir "Saduwara Wanujitha" cinco veces rápido! Recordé haber leído sobre este jefe mientras investigaba el viaje. El jefe no parecía tan importante en ese momento, pero que su nombre apareciera en la oración aumentó su prioridad. Sabía que si Dios realmente quería que lo encontráramos, lo haríamos.

Partimos en el viaje y llegamos según lo programado a nuestro destino en el país insular. Al reunirnos con algunos compañeros locales, discutimos dónde podríamos encontrar al Jefe Saduwara

Wanujitha. Uno de nuestros compañeros desdobló un mapa, señaló con el dedo hacia el centro y nos dijo: "Encontrarán a este jefe y tribu en esta región".

Después de un día completo de viaje, llegamos a la región. Empezamos a preguntar: "¿Sabes dónde vive este hombre? ¿Dónde podemos encontrar su aldea?

"Sí, él es así", dijo uno de los lugareños con el brazo extendido y el dedo apuntando hacia el camino. Le dimos las gracias y continuamos nuestra búsqueda.

No muy lejos en el camino, nos encontramos con otro hombre. Era un pastor cuyo corazón también estaba agobiado por alcanzar a los no alcanzados. Parece una locura pero él había interactuado ya con la tribu en la que estábamos concentrados. ¡Claramente, el Espíritu de Dios lo había puesto en nuestro camino!

Después de guiarnos más, el pastor nos dejó con una advertencia: "Tengan cuidado con el evangelismo en esta área. La persecución es fuerte. Hemos sido envenenados y recibido amenazas de muerte. La gente puede golpearte y llamar a los monjes locales para que te retengan hasta que la policía aparezca para arrestarte. Así que ten cuidado."

Tomamos nota de la advertencia del pastor, pero sabíamos que teníamos que continuar. Creíamos que Dios nos había ordenado específicamente que nos encontráramos con el Jefe Saduwara sin importar lo que nos costara, cualquiera que fuera el camino, cualquiera que fuera el peligro.

Al día siguiente, llegamos a la aldea del jefe. Uno de los aldeanos nos indicó dónde vivía. Con ansiosa emoción y expectación, manejamos por el camino de tierra que conducía a su casa. Cuando nos acercamos, una mujer salió a saludarnos. Le preguntamos: "¿Está aquí el jefe?".

La mujer nos dijo: "Soy su esposa, pero él no está aquí ahora. Está fuera durante el día y regresará más tarde".

La noticia fue un poco decepcionante, pero nos dio tiempo para pasar unos minutos con la esposa y los hijos del jefe y almorzar en un pueblo cercano.

Regresamos un par de horas después. El Jefe Saduwara ya había llegado a casa y nos estaba esperando. El jefe era un hombre de buena estatura, de cinco pies y dos pulgadas de altura en el mejor de los casos. Tenía piel morena brillante y una barba desaliñada que crecía salvajemente, borrando la distinción entre donde terminaba su cabello y comenzaba su barba. Parecía ser amable y acogedor, sus ojos suaves y acogedores.

Extendimos nuestras manos con regalos mientras lo saludábamos. "Hemos traído estas cosas para bendecir a su familia ya sus hijos", dije. "Vinimos de América para conocerte. ¿Podemos hablar contigo ahora?

"Lo siento", se disculpó, "pero en realidad necesito irme de nuevo".

No me rendiría tan fácilmente, así que presioné más: "¿Podemos hablar solo unos minutos?"

Reflexionando sobre el tiempo que podía permitirse, respondió: "Sí, podemos hablar durante cinco o diez minutos antes de irme".

A menudo digo: "En las misiones, y en toda la vida como cristiano, tienes que esperar diez horas por un momento de ministerio de diez minutos". Esta interacción con el jefe ciertamente parecía ser uno de estos momentos de "ministerio". Sintiendo la urgencia del reloj, pensé: si Dios nos llevó a este hombre, debemos aprovechar esta oportunidad y aprovechar al máximo el tiempo que se nos ha dado. ¡Es hora de sumergirse!

Sin tiempo que perder, le pregunté: "Jefe Saduwara, ¿cuál es su forma de adoración?"

"Adoro a nuestro dios tribal. Damos sacrificios a su estatua de piedra en nuestro pueblo", respondió.

Si el Espíritu de Dios realmente nos había llevado al Jefe Saduwara y nos había dicho que estaba buscando más, ahora era el momento de averiguarlo. Le pregunté: "Jefe Saduwara, ¿sientes que en tu corazón está buscando algo más?"

"Sí, lo creo", afirmó, "siento que estoy buscando algo más de lo que tengo ahora".

Con entusiasmo urgente, proclamé: "¡Creo que Dios nos ha enviado para decirles lo que están buscando!".

El jefe Saduwara se inclinó hacia adelante con atención.

"En el principio, Dios creó todo lo que vemos. Hizo el cielo, los árboles, las plantas e incluso nuestra comida. Luego creó a la humanidad: hombre y mujer. Este Dios es diferente a otros dioses que conoces, porque en realidad caminaba y hablaba con el hombre y mujer. Pero un día desobedecieron lo que Dios les había dicho que hicieran. Su desobediencia realmente lastimó el corazón de Dios y fueron expulsados de la presencia de Dios. Ahora estaban separados de su relación con el Dios viviente.

"A partir de ese momento, los efectos del pecado entraron en el mundo: muerte, enfermedad, dolencia, guerra y conflicto, división y sufrimiento. Pero este no fue el final. Este Dios amó tanto a la humanidad que vino a la Tierra para asumir la pena total del pecado por la humanidad. Su nombre es Jesús. Murió en una cruz por todos nuestros pecados y resucitó de entre los muertos, mostrando Su poder incluso sobre la misma muerte.

"Si sigues a Jesús, Él te dará paz y alegría como nunca antes la has tenido. Jesús vive en mí por Su espíritu, y hablo con Él todos los días. ¡Lo he visto hacer cosas poderosas! Mi padre casi muere de una horrible alergia a las picaduras de abejas, pero vi a Jesús curarlo cuando oramos. ¡Sé que Jesús está vivo hoy! Y sé que Jesús desea la amistad con nosotros, y con ustedes. Todo lo que debes hacer es esto: Deja de adorar a todos los demás dioses. Comienza a adorar y seguir solo a Jesús, el único Dios verdadero. ¿Qué piensas de este mensaje?"

El jefe dijo: "Me gusta el mensaje de Jesús, creo que es bueno".

Me acerqué y pregunté: "¿Entonces quieres seguir a Jesús?".

"Es difícil renunciar a mi dios cultural porque soy un jefe aquí", dijo el jefe Saduwara en voz baja mientras miraba hacia abajo.

"Entiendo que seguir a Jesús puede ser una decisión difícil", respondí. "Tenía algo en mi vida que valoraba mucho más que cualquier otra cosa, y Jesús me pidió que lo dejara por Él. Te prometo, Jefe Saduwara, que si decides seguir a Jesús, valdrá la pena. Él te satisfará".

Sabiendo que nuestro tiempo estaba llegando a su fin, pregunté: "¿Podemos regresar en el futuro y hablar más contigo?".

"Sí", dijo, "puedes volver aquí otra vez".

El jefe Saduwara era simplemente un hombre perseguido por Jesús y que buscaba más de lo que le habían dado. La mano de Dios estaba claramente en el trabajo e indudablemente evidente en al apertura del jefe Saduwara para discutir el evangelio, especialmente en un lugar de persecución tan fuerte y entre un pueblo de resistencia tan fuerte.

Mientras caminábamos de regreso a nuestro automóvil, el hermano en Cristo que había estado traduciendo compartió lo que experimentó: "Realmente podía sentir el Espíritu Santo trabajando mientras hablábamos con el jefe", dijo. "¡Eso fue increíble!" ¡El Espíritu de Dios realmente se estaba moviendo!

Nuestro encuentro con el jefe Saduwara me recuerda la historia de Hechos 8:26–40, donde el Espíritu de Dios le dice a un hombre llamado Felipe que viaje por un camino. Mientras Felipe camina en obediencia al Señor, ve un carro en el camino. El Espíritu de Dios le dice a Felipe: "Ve y únete a este carro". Entonces, Felipe lo hace.

Sucede que el hombre del carro estaba leyendo un pasaje de Isaías que apuntaba directamente al mensaje de Jesús. El hombre del carro, como el jefe Saduwara, buscaba más. Y Felipe declaró lo que más buscaba el hombre: Las buenas nuevas acerca de Jesús.

Mientras leo las Escrituras, veo una realidad vívida y emocionante: aquellos que vivieron como los corredores de lodo de Dios fueron guiados por el Espíritu Santo. Oyeron su voz. Experimentaron sus impresiones. Salieron con fe e hicieron todo lo que Dios les pidió.

¿Alguna vez le has pedido a Jesús que te hable y simplemente ha escuchado Su voz? ¿Le has oído hablar recientemente? ¿Has sentido Sus impulsos y has obedecido?

Dado que Jesús está verdaderamente vivo y activo hoy, podemos estar seguros de que todavía está hablando y guiando a su pueblo.

Después de que Jesús resucitó de entre los muertos y ascendió al cielo al final de los Evangelios, ¡continuó hablando a lo largo del libro de los Hechos y más allá! Dios siempre ha sido un Dios que habla, desde la creación hasta los profetas y el mismo Jesús. ¡Y cuánto más ahora que Su Espíritu habita en nosotros! Ciertamente, Dios está cerca de nosotros, de nuestros oídos, corazones y mentes, dándonos las palabras que necesitamos escuchar. Sólo necesitamos escuchar y obedecer.

Ahora, podrías estar pensando, ¡Quizás Charlie comió una pizza mala anoche y ahora tiene visiones locas de pizza! Cuando logro convencer milagrosamente a mi esposa de que la pizza es nuestra mejor opción para cenar, ocasionalmente podría ser cierto. Aparte de la pizza, no podemos negar la realidad de que Dios realmente desea guiarnos a diario. Por supuesto, debemos recordar que Su voz siempre coincidirá con lo que ya ha dicho en Su Palabra escrita, la Biblia. El Espíritu Santo nunca contradirá lo que Dios ya ha declarado en la autoridad final de las Escrituras.

¿Por qué no pasar unos minutos en oración ahora mismo? Pregunta, Espíritu Santo, ¿tienes algo que decirme? Guíame. Seguiré.

Es bastante simple: escuchar y hacer. Y mientras el Espíritu Santo te guía, ¡prepárate para algunas aventuras salvajes en el reino!

¿Ahora qué?

- Hasta este momento de tu vida, ¿cómo has entendido la voz de Dios o las formas en que Dios se comunica con nosotros?
- Considera estas formas comunes en que Dios nos habla (vistas a lo largo de las Escrituras). ¿Has experimentado alguno de ellos? **La Biblia:** Dios siempre se comunica con nosotros a través del significado claro de las Escrituras y también a través de las Escrituras que penetran nuestros corazones en función de nuestras circunstancias específicas (2 Timoteo 3:16; Salmo 19:10-12). **Susurros:** La voz suave y apacible de Dios a menudo viene a través de un suave empujón interior, algo que se activa en tu espíritu como un pitido suave de alarma, o pensamientos que no son nuestros sino del Espíritu Santo, o un suave empujón interior (Marcos 13: 11; Hechos 8:29; Hechos 13:2; Hechos 20:23). **Imágenes:** Sueños mientras dormimos o visiones que vemos mientras estamos despiertos, casi como si estuvieran en nuestra imaginación, pueden ser de Dios (Hechos 16:9-10; Hechos 2:17; Hechos 10:9-18). **Cargas:** Puede sentir una compasión abrumadora, un corazón apesadumbrado o la obligación de Dios de que debe hacer algo (Hechos 20:22; Jeremías 20:9; Mateo 9:36; Lucas 19:41-46).
- Toma un diario. Ora pidiéndole al Señor en el nombre de Jesús que silencie tu carne y al enemigo. Pídele a Dios que te hable. Tal vez tengas una pregunta específica, o tal vez solo quieras preguntarle si Él tiene algo que decirte. Escucha. Escribe lo que te venga a la mente. Confirma que se alinea con la enseñanza de la Biblia. Recíbelo y comprométete a obedecerlo.

CATORCE
EL PODER DE LA ORACIÓN

HE SIDO testigo del poder de oraciones específicas y he visto a Dios responder suficientes veces para saber que Él hace más de lo que pedimos o imaginamos. Una temporada en particular me asombró por completo cuando Dios respondió oración tras oración tras oración. Continué buscando a Jesús, oré oraciones específicas y audaces conforme me sentía guiado, y observé cómo salía adelante.

Dios contestó oraciones como estas: orar para que nueve personas se salven en mi cumpleaños (a lo que respondió mientras yo predicaba en un campamento. Hice una invitación para seguir a Jesús y respondieron nueve personas. De hecho, una mujer "al azar" que sucedió que pasaba por la calle y entró al servicio ¡estaba entre esos nueve que dieron su vida a Jesús!); orando para que Dios detenga la lluvia mientras empacamos un lugar para acampar (la lluvia cesó hasta que se empaquetó el último artículo); y orar para que Dios proporcione una persona de paz entre un grupo de personas no alcanzadas y no comprometidas que viven donde el Medio Oriente se encuentra con Asia (sí, Él lo hizo). ¡Dios respondió cada una de estas oraciones con precisión! Y luego estaba el momento en que caminé por las calles de una comunidad musulmana empobrecida en África occidental y oré continuamente: Señor, trae fruto de salvación a este lugar. Poco después de orar esa oración, me sorprendió con alegría ver un ¡Hermano africano en Cristo guiar a un anciano musulmán y su familia a Jesús!

Dios ciertamente ha aumentado mi fe en formas innegables a través de la oración contestada. Como siempre, la fe tiene espacio para crecer, y Dios me estaba dando la oportunidad de confiar en Él una vez más. Desde que visitamos al Jefe Saduwara, el líder influyente a quien Dios nos guió en un prominente país insular asiático, habíamos estado orando por él. De hecho, habíamos estado orando por él durante tres años, que Dios tomara su corazón y multiplicara discípulos a lo largo de su vida. Ahora, tres años después, Dios estaba respondiendo nuestra oración y haciendo posible un viaje de regreso.

Esperar tres años para una revisita no es la estrategia más lógica para iniciar un movimiento de hacer discípulos. Los libros de texto de misiones probablemente recomendarían algo diferente. Sin embargo, así era como el Señor parecía estar guiando. Con el tiempo, hemos aprendido a confiar en las instrucciones de Dios más que en nuestra sabiduría y tiempos convencionales.

Así que viajamos de regreso a la casa del jefe con anticipación y emoción. Esta vez sabíamos a dónde íbamos. No necesitábamos perder el tiempo deambulando y preguntando por direcciones. Después de conducir todo el día por el centro de la isla, llegamos a la región del Jefe Saduwara. Condujimos por el camino de tierra hasta su casa y salimos al calor húmedo de la jungla. Nos saludamos con sonrisas y alegría. Estábamos tan felices de estar reunidos. Después de ponerse al día con la vida por un tiempo y compartir algunos regalos con el jefe y su familia, llegó el momento de llevar la conversación un paso más allá.

"¿Recuerdas nuestra conversación hace tres años?" Yo pregunté. "Sí, lo recuerdo", respondió el jefe.

Me pregunté: ¿Había el Jefe procesado lo que hablamos conforme yo había estado orando? ¿En verdad se acordaba? Tuve que preguntar más.

"Entonces, ¿qué piensas al respecto?"

"Creo que nuestros dioses deben ser iguales", concluyó.

Mi corazón se hundió por un momento cuando me di cuenta de que el jefe todavía no

entendía que Jesús es el único Dios verdadero. Una sensación de urgencia surgió dentro de mí para aprovechar el momento y profundizarlo.

"Ese es un pensamiento interesante", respondí. "Mucha gente dice que todos los dioses son iguales. Pero Jesús afirmó ser el que tiene toda la autoridad, ser el único camino verdadero y el único Dios verdadero. Así que no hay forma de que en realidad puedan ser iguales".

Un hermano en Cristo de otra ciudad que había estado viajando con nosotros intervino en la conversación y comenzó a compartir su historia. Contó cómo tenía tendencias suicidas, tratando de quitarse la vida antes de conocer al Señor. Pero los seguidores de Jesús compartieron las buenas noticias con él, y él decidió creer. Ese día fue salvo tanto física como espiritualmente. Este hermano tenía una historia increíblemente poderosa. Pensé: ¡Seguramente debe estar tocando el corazón del Jefe Saduwara!

Continuamos nuestra conversación con el Jefe Saduwara. Compartimos cómo Jesús resucitando de entre los muertos realmente hace toda la diferencia. "Si Jesús no resucitó", explicamos, "entonces lo que dijo realmente no importa. Pero si Jesús resucitó, ¡entonces todo lo que dijo realmente importa!

Sintiendo que Dios me estaba guiando, comencé a compartir más de lo que normalmente haría en un entorno tribal. "Muchos expertos en historia están de acuerdo en que Jesús fue un hombre real que vivió, murió en una cruz y luego su tumba fue encontrada vacía tres días después", expliqué. "Sus seguidores pasaron de estar en absoluta desesperación por Su muerte a convertirse en audaces proclamadores de Su resurrección. Salieron a la misma ciudad donde mataron a Jesús y comenzaron a proclamar que había resucitado de entre los muertos. Nadie encontró el cuerpo y lo trajo para demostrar lo contrario. Todos Sus seguidores estaban dispuestos a morir por lo que proclamaban, y la gente no muere por una mentira que ellos mismos crean.

"Entonces, mirando la evidencia, muchos expertos que no creen en Jesús dicen que todos sus seguidores deben haber tenido alucinaciones. Pero por definición, una alucinación se limita a la mente de un individuo. Dos personas separadas no pueden tener la misma alucinación. Ni siquiera las más potentes drogas harán eso. Por lo tanto, creo que la mejor respuesta es que Jesús realmente resucitó de entre los muertos y está vivo hoy. ¡Y como te hemos dicho, nuestras vidas también han sido transformadas por Él!".

El jefe escuchó atentamente, asintiendo ocasionalmente con la cabeza.

"Entonces, ¿qué piensas de todo esto?" Yo pregunté.

"He llegado a la conclusión de que Jesús es Dios".

"¡Esa es una gran conclusión!" exclamé. "Estas listo para seguir a Jesus?"

"¡Sí! ¡Estoy listo!"

Regocijándome con él y por él, le dije: "Eso es muy emocionante. Vamos

¡Oremos juntos! Dile a Jesús que crees que Él murió por tus pecados y resucitó de entre los muertos. Dile que crees en Él, deseas darle tu vida y planeas seguirlo".

¡En ese momento, el Jefe Saduwara oró y comenzó una relación con el único Dios vivo y verdadero! La alegría llenó de inmediato mi corazón, ¡y el suyo! Mi oración de tres años había sido respondida.

"Bienvenido a la familia", le dije con una sonrisa de júbilo. "Ahora somos hermanos gracias a Jesús".

"¡Gracias!" él dijo. Sus palabras reflejaron un tono más ligero, más libre y contento.

"Y sabes qué", agregué, "¡siempre me ha gustado mucho esa larga barba que tienes! También he estado dejando crecer la mía recientemente".

El jefe sonrió y nos reímos juntos.

Oro para que Dios levante al Jefe Saduwara para que se

convierta en un líder espiritual fuerte entre su pueblo y comience a multiplicar a otros a través de él. También oro para que el Señor de la cosecha levante más corredores de lodo entre todos los grupos de personas del mundo que actualmente son 0 por ciento cristianos. Y aún más, oro para que Dios haga esto en nuestra vida. ¿Te unirás a mí para orar por esto? ¡Dios está en el negocio de responder oraciones específicas, y creo que las oraciones específicas están cerca del corazón de Jesús!

Las Escrituras cuentan una historia sobre un momento en que Jesús le responde a un ciego que lo llama audaz y específicamente (Lucas 18:35–43). Cuando Jesús pasaba, el ciego gritó: "¡Jesús, hijo de David, ten misericordia de mí!". (Lucas 18:38). La multitud trató de callarlo. El ciego no se calló, no podía hacerlo, era demasiado importante. Gritó aún más fuerte: "¡Hijo de David, ten misericordia de mí!" (Lucas 18:39).

Después de gritar por segunda vez, Jesús pidió que le trajeran al hombre. Jesús le preguntó: "¿Qué deseas que haga por ti?" (Lucas 18:41).

El hombre compartió su petición, ¡y Jesús le dió todo lo que pedía y más! Ten en cuenta, sin embargo, que solo después de que el ciego se vuelve específico con su pedido, Jesús responde. Es entonces cuando el ciego recobra la vista y comienza a caminar y saltar, alabando a Dios.

Toma nota: demasiadas de nuestras oraciones se parecen al ciego cuando llamó a Jesús por primera vez. Su pedido fue general y vago: "ten piedad". Demasiados de nosotros, con demasiada frecuencia, dejamos nuestras peticiones allí y nunca llevamos nuestra vida de oración más allá. Ahora, por un lado, no hay nada malo con oraciones como, "Señor, ten piedad". Están dentro del carácter y deseo de Jesús, Dios los honra y les responde. Dicho esto, es posible que nunca reconozcamos las respuestas de Dios a oraciones vagas. ¡Y creo que Dios tiene mucho más para nosotros! Entonces, Jesús nos lleva un paso más allá.

Jesús le pide al ciego que sea específico: "¿Qué quieres que haga por ti?" Casi puedo escuchar a Jesús agregando la palabra "específi-camente".

¿Por qué Jesús haría eso? No creo que fuera una coincidencia. Jesús intencionalmente deseaba llegar al meollo del asunto con aquellos con los que se comprometía. ¿Podría ser que la pregunta de Jesús hiciera que el ciego se involucrara en las partes más profundas e íntimas de su vida de lo que lo hubiera hecho de otra manera? ¿Será que Jesús quería que él considerara más profunda-mente su petición: "¿Qué es lo que realmente buscas? ¿Y por qué lo buscas?

¿Y si Dios interactúa con nosotros de la misma manera? ¿Qué pasa si Dios desea que compartamos peticiones más específicas con Él para que realmente comencemos a pensar, "¿Qué estoy buscando realmente y por qué?" ¿Y qué pasa si Dios realmente desea sorprendernos al responder solicitudes específicas de manera que edifiquen nuestra fe, nos hagan seguir fielmente a Jesús y tal vez caminemos, saltemos y alabemos a Dios a lo largo del camino mientras proclamamos: "Mira lo que Dios ¡hizo!"

¡Creo que este es exactamente el tipo de Dios al que servimos! He sido testigo de demasiadas respuestas específicas a oraciones audaces para creerde lo contrario. ¿Qué pasaría si, a partir de hoy, comenzaras a orar específicamente en lugar de vagamente? ¿Qué cosas del tamaño de Dios podría lograr Dios en ti y a través de ti?

Aparta un tiempo con Jesús para orar específicamente. Pídele al Espíritu Santo que te ayude a evaluar lo que realmente estás buscando. Pídele que alinee tu corazón con sus deseos para ti. Luego comienza a orar oraciones audaces y específicas. No te detengas. ¡Escríbelas, continúa orándolas y espera que Dios obre!

¿Ahora qué?

- ¿Te asustan las oraciones específicas? ¿Por qué sí o por qué no?
- ¿Hay algo que te impida hacer oraciones audaces y específicas? ¿Qué podría ser eso?
- ¿Puedes pensar en alguna ocasión en la que hayas visto a Dios responder una oración específica? Si es así, ¿cómo edificaron tu fe esos momentos? De cara al futuro, ¿por qué oraciones específicas comenzarás a buscar a Dios a partir de esta semana?

QUINCE
DIFAMADORES

COMO SUCEDE con cada nuevo creyente, la decisión del Jefe Saduwara de creer en Jesús requería seguimiento si iba a ser entrenado para obedecer a Jesús y convertirse en un seguidor fiel. Los nacionales hicieron un seguimiento varias veces e hice un viaje de regreso en dos meses. Tan rápido como pudimos, llegamos a la región de Saduwara para pasar un tiempo hablando sobre cómo es la vida con Jesús.

Cada día con Saduwara era así: llegar a su casa, disfrutar de un tiempo para hablar y ponerse al día, compartir una historia de la Palabra de Dios, hacer preguntas y discutir el significado de las Escrituras compartidas, darle a Saduwara un desafío práctico para ese día y permitirle hacer cualquier pregunta aclaratoria.

Nuestro tiempo juntos con Saduwara trajo afirmación a su salvación y proporcionó una base firme como seguidor de Jesús. Se equipó para compartir a Jesús con su comunidad, aprendió a orar, descubrió cómo pasar tiempo con Dios todos los días y recibió capacitación sobre cómo reunirse con los creyentes.

El Espíritu de Dios estaba trabajando poderosamente en Saduwara día tras día. Cuando nos sentamos con Saduwara para una de nuestras reuniones diarias, declaró: "¡Ya les he hablado a otros en la comunidad acerca de Jesús!"

Saduwara fervientemente proyectó una visión para su pueblo: "Solo espera hasta que regreses; ¡Todo nuestro pueblo seguirá a Jesús!"

"¡Eso espero!" Asentí con entusiasmo. "Creo que esa es la visión de Dios para este lugar. Estaremos orando por eso".

Le explicamos el bautismo a Saduwara. Después de asegurarnos de que entendiera el bautismo, le preguntamos: "¿Crees que estás listo para ser bautizado?".

"Sí", dijo Saduwara con alegría y confianza, "Definitivamente estoy listo".

"¡Impresionante! Cuando vengamos mañana, te bautizaremos". Luego le hicimos a Saduwara una pregunta obvia pero logísticamente necesaria: "¿Hay un río cerca?"

Sonriendo, Saduwara dijo: "Podemos ir al río justo al otro lado de este campo y bajar a ese valle".

"¡Está bien, tenemos un plan!" Le dije. "Oremos juntos y terminemos nuestra reunión de hoy". Oramos y nos pusimos en camino.

¡Hoy es el día! Pensé mientras me despertaba. ¡Esto va a ser tan emocionante! No veo la hora de volver a la casa del jefe y verlo bautizarse. Empacamos nuestro vehículo y nos dirigimos a la casa de Saduwara. Cuando llegamos, no vimos al jefe esperándonos como siempre. Escaneamos el paisaje, pero no se le veía por ninguna parte. Saduwara tenía varios familiares que vivían cerca, así que caminamos hasta una de sus casas.

"¿Has visto al jefe hoy?" preguntamos. "¿Sabes dónde está?"

"Una de las mujeres mayores está muy enferma, así que tuvo que llevarla al hospital", respondió una mujer del pueblo. "Se fueron temprano esta mañana y no volverán hasta mucho más tarde. Así que no podrás verlo hoy".

Les dimos las gracias y comenzamos a caminar de regreso a nuestro auto. En el camino, vimos a otro aldeano. Obtener más información nunca está de más, así que le preguntamos: "¿Sabes cuándo regresará el jefe?".

"Él acaba de ir al pueblo cercano y volverá más tarde", respondió el aldeano.

Hmm, pensé, eso es raro. Están contando dos historias diferentes. Me pregunto si algo está pasando?

Poniendo a prueba nuestra sensación de inquietud sobre la situación, le preguntamos a un tercer aldeano: "¿Has visto al jefe?"

"Tiene una reunión del gobierno cerca, por lo que hoy está ocupado", dijo con severidad.

Los rostros de las personas ya no eran cálidos y acogedores como lo habían sido el día anterior. De hecho, la gente se volvió repentinamente fría y cerrada. Está bien, definitivamente nos están mintiendo. ¡¿Qué está pasando?! Me preguntaba. Algo está mal aquí. Nuestro pequeño equipo se reunió y oró contra la oposición que comenzamos a sentir.

Justo cuando terminábamos de orar, el hijo del jefe llegó cerca y comenzó a gritar: "¡No cambiaremos! Adoramos a los dioses en el bosque. No bautizarás a mi padre. ¡Lo que estás haciendo es ilegal! ¡Deja de enseñarle a mi padre acerca de Jesús, y nunca regreses! Debes dejar este lugar. Tu no eres bienvenido aquí".

Mientras despotricaba el hijo de Saduwara, inmediatamente me vinieron a la mente dos pasajes de las Escrituras. Pude verlos desarrollarse ante nuestros ojos: el primero fue Mateo 10:35 cuando Jesús enseñó que su misión pondría a un hijo en contra de su padre; y el segundo fue Marcos 4:15–17 que enseña que cuando la Palabra de Dios es esparcida como semilla, surge la persecución y Satanás intenta arrebatar la semilla, ¡evitando que los perdidos tengan la vida eterna!

Tan pronto como Saduwara tomó en serio a Jesús, proclamó las buenas nuevas en su aldea y dio un paso adelante en obediencia para el bautismo, surgió la oposición. El hijo de Saduwara comenzó a arrojar barro y agitó a todo el pueblo para que se uniera a él. Se habían convertido en calumniadores.

No se deje engañar. Los corredores en lodo atraen a los calumniadores. Encuentro irónico cuando escucho historias de soldados que están absolutamente sorprendidos de que les disparen una vez que llegan al campo de batalla, ¡porque se inscribieron para ello! Como seguidores de Jesús es de la misma manera. A menudo nos sorprendemos cuando el lodo comienza a volar hacia nosotros metafóricamente hablando. Pero no deberíamos serlo. Jesús, el mismísimo pionero, dijo: "Si el mundo os odia, sabéis que me ha odiado a mí antes que a vosotros". (Juan 15:18).

Una cosa es que los malhechores sean conocidos lejanos, extraños o personas que están lejos de nosotros. Pero es totalmente otra cosa (y la mayoría de las veces la más difícil) cuando la familia, los amigos y las personas más cercanas a nosotros comienzan a lanzar lodo. Me he enfrentado a calumnias. Unirme a la carrera como un corredor de lodo para Jesús ha invitado a todo tipo de bolas de barro y terrones de tierra a ser arrojados en mi dirección. Estos son solo algunos de los insultos e interrogatorios que han intentado enturbiarme:

"Solo eres joven y apasionado. Todos los jóvenes son como tú y quieren hacer este tipo de cosas. Solo espera, tu pasión se extinguirá".

"Eres demasiado joven para hacer lo que estás haciendo y demasiado joven para proclamar estas verdades".

"La tribu en la que te estás enfocando es demasiado pequeña. No hay suficientes personas para invertir tiempo estratégicamente allí".

"No estás viviendo con los pies en la tierra a largo plazo, por lo que realmente no podrás impactar a las personas o hacer discípulos".

"El ministerio itinerante no es un llamado válido".

"Tu estrategia no es la correcta".

"¿Es esto realmente a lo que quieres dar tu vida?"

"¿Es realmente sabio renunciar a todas tus oportunidades por esto?" "¿Realmente tendrás suficiente dinero para vivir si haces esto?" "Eres un niño tonto que se va al extranjero. ¿realmente puedes ayudar a esa gente?"

"¿Por qué ir allí, cuando hay tanto por hacer aquí?"

"No estás con la agencia adecuada. Tienes que salir y unirte estos otros, o no te apoyaremos."

"Necesitas cambiar la forma en que estás haciendo las cosas y hacerlas de otra maneras".

"Cambia tu mensaje o estarás acabado".

"De ninguna manera Dios te llamaría a esos lugares. Es demasiado peligroso. No es prudente ir allí".

"Nunca te vi como alguien que pudiera hacer este tipo de cosas".

"¿Qué educación tienes para poder hacer lo que estás haciendo? ¿Es realmente suficiente?"

Los detractores difamatorios han sido muchos. Si bien algunos no han sido cristianos (como en la historia de Saduwara y su hijo), me entristece decir que la mayoría de estas palabras provienen de hermanos y hermanas en Cristo y, a veces, de personas cercanas a mí. Mientras que algunos han tenido buenas intenciones, muchos han perdido el corazón y la misión de Jesús con sus palabras.

A veces, me he vuelto tan apelmazado en el lodo que todo lo que puedo hacer es sacudírlo de encima recordando en oración la verdad, el llamado y las promesas de Dios. ¿Te has enfrentado a calumniadores? Si aún no, como corredor en lodo lo harás. Y cuando lo hagas, permite que el agua de la Palabra de Dios te limpie y lave el lodo. Los zapatos cubiertos de lodo se vuelven más y más pesados. El lodo sin lavar de los que te tiran lodo lentamente te abrumará, desanimará y tentará a abandonar la carrera por completo. No lo dejes. Tal vez estas verdades que Dios me ha proporcionado en momentos de enfrentar calumnias te animarán y te ayudarán a quitarte algo del lodo:

¡No debemos dejar que nadie nos menosprecie si somos jóvenes, sino ser un ejemplo para todos los creyentes!

¡Dios puede usar a los jóvenes para alcanzar radicalmente al mundo y a menudo lo ha hecho a lo largo de la historia!

¡Dios se preocupa por los pocos! ¡Incluso una sola persona es suficiente para ir, como la parábola del pastor que deja las noventa y nueve ovejas por una!

¡Dios ha usado el ministerio itinerante (viajar de un lugar a otro) a lo largo de las Escrituras, en la vida de Jesús mismo, ya a lo largo de la historia para lograr un gran impacto en el reino!

Cuando se trata de la causa del reino de Dios, cada uno de nosotros necesita estrategias creadas únicamente por el Espíritu Santo. Y en lugar de arrojar piedras a los estilos, métodos y llamados únicos de cada uno, ¡debemos unir nuestras fuerzas por el bien de Su reino!

Si Jesús ha dicho, "¡Ve!" ¡debemos continuar, no importa cuán tonto parezca y no importa lo que se nos exija renunciar por Su causa!

La obediencia a Jesús es la única calificación que realmente necesitamos.

La verdad es que no estás solo en esto. Muchos de los que han salido a correr la carrera se han enfrentado a los detractores. ¿Y a quién realmente le importa lo que digan de todos modos? No estás viviendo para la aprobación de nadie sino de Jesús nuestro Rey. Y Jesús mismo fue abandonado, apuñalado por la espalda, traicionado, burlado y escupido, todo antes de Su flagelación y crucifixión. De hecho, incluso los propios discípulos amados de Jesús lo desanimaron a cumplir su propósito en la cruz, no lo apoyaron en oración durante uno de los momentos más difíciles de su vida e incluso negaron que lo conocían.

Dios a menudo avanza Su reino a través de la oposición. El movimiento sólo ocurre por fricción; solo piensa en las llantas de goma de un automóvil agarrándose al pavimento para avanzar. Parece que lo mismo es cierto espiritualmente también. El líder y apologista de la Iglesia primitiva, Tertuliano, declaró: "La sangre de los mártires es la semilla de la iglesia". Si te involucras con convicción piadosa y humildad cuando el lodo comienza a volar, experimentarás un crecimiento espiritual, gozo y bendición sobrealimentados. Cuanto mayor sea la fricción, más avanzarás. En el reino de Dios, las recompensas se encuentran en la oposición, la dificultad y el sufrimiento.

Entonces, ¡sigue adelante! Vale la pena soportar la oposición a manos de los calumniadores porque Jesús es digno de ello. ¡No te rindas! No os canséis de hacer el bien, "pues a su tiempo, si no nos cansamos, segaremos" (Gálatas 6:9).

¿Ahora qué?

- ¿Te has enfrentado a detractores que han venido en contra del deseo de Dios para su vida? Cuando se trata del lodo que te pueden arrojar, ¿a qué le tienes más miedo?
- Ora y dile al Señor que le das tu temor. Pídele que expulse tu miedo con Su amor. Si alguien ya te ha lastimado arrojándote lodo, perdónalo en oración ahora: Señor, perdona a este lanzador de lodo por lo que hizo.
- ¿Cuál es una verdad a la que Dios puede querer que te aferres en el futuro?

DIECISÉIS
NO CALIFICADO

NOS DESPERTAMOS con el sonido de los niños jugando. Sus risitas y bromas agudas ocasionales iban acompañadas del lenguaje elevado y abrupto de los adultos que intercambian conversaciones matutinas. Nathan y yo abrimos la cremallera de nuestra tienda, salimos y encendimos fuego para preparar el desayuno. Nuestro menú de campamento consistía en algunas galletas, el arroz sobrante de la noche anterior y un poco de café instantáneo.

Con el desayuno detrás de nosotros, reunimos nuestros materiales de discipulado. Entre ellos estaban nuestras Biblias, reproductores de audio de la Biblia Hadza e imágenes de historias bíblicas. Suministros en mano, comenzamos la caminata de quince minutos hasta la cabaña de Kiula.

Cuando nos acercábamos a la cabaña de Kiula, gritamos el saludo de la mañana: "¡Shyahmo mutana!". Esperando un saludo a cambio, no escuchamos ninguno. Eso nos pareció extraño. Entonces comenzamos a escanear el área que rodea su cabaña. Quizás Kiula y su esposa ya habían comenzado su jornada laboral. Todavía no se ve a ninguno de ellos.

Nos paramos en la entrada de la cabaña de Kiula y miramos

dentro. Las cosas estaban inmóviles; tanto Kiula como su esposa no se encontraban por ninguna parte. Un poco confundidos, viajamos de regreso al área principal del pueblo y comenzamos a preguntar: "¿Has visto a Kiula o a su esposa?"

Después de algunos encogimientos de hombros y un puñado de personas que decían "No sé", alguien finalmente respondió: "Creo que se fueron a beber a algún lado".

"¿Dónde sería eso?" preguntamos.

Con el dedo apuntando hacia el arbusto, respondió de una manera que nos permitió llenar los espacios en blanco. "La tribu Datoga produce el alcohol local", dijo.

Comenzamos a caminar en la dirección que señaló. Le preguntamos a otro miembro de la tribu dónde podríamos encontrar alcohol local. De nuevo, como la aguja de una brújula, el hombre señaló con el dedo. Con la dirección correcta validada, continuamos.

Otro kilómetro más adelante, nuestras sospechas se confirmaron. Vimos a Kiula tirado boca abajo en el suelo, con una botella de agua de 1,5 litros atada a la espalda. Agarré la botella, la abrí y olí. ¡Claramente, no era agua! ¡Uf! Seguramente tuvimos una buena bocanada de alcohol ilegal local fuerte. Vertí el alcohol ilegal en la tierra mientras tratábamos de despertar a Kiula.

"Kiula", dijimos. Pero él yacía allí inmóvil.

Nos dirigimos a él un poco más fuerte. "Kiula, Kiula." Aún nada. La tercera vez le gritamos y empujamos su brazo. "¡Kiula! ¡Despierta!" Kiula abrió los ojos, entrecerrando los ojos ante el brillo del día.

Lo ayudamos a ponerse de pie. Apenas podía estar de pie, y mucho menos caminar. Le caían mocos por la nariz como si acabaran de rociarlo con gas pimienta. No fue una visión agradable.

Me sentí bastante desanimado por la decisión de Kiula. Era una de las personas clave que habíamos elegido para enseñar historias bíblicas para que pudiera compartirlas con otros. Teníamos la intención de entrenarlo como un hacedor de discípulos. Sus indulgencias estaban poniendo en peligro todos esos planes.

Tomando una respiración profunda, recordé que los cristianos son personas que viven por gracia. Intentemos de nuevo mañana, pensé. Todo el mundo comete errores a veces.

La tarde vino y se fue. La mañana siguiente trajo un nuevo día pero la misma desafortunada historia con Kiula. Encontramos a Kiula y su esposa en el mismo lugar que el día anterior. Botellas de licor ilegal cerca de las chozas de Datoga yacían vacías junto a ellos; una vez más, estaban desmayados borrachos.

Este es uno de nuestros llamados discípulos, pensé. ¿Cómo diablos vamos a seguir enseñándole historias bíblicas día a día si así es como está viviendo?

Kiula repitió su comportamiento de borracho durante días. Para empeorar la situación, algunos otros en los que estábamos invirtiendo espiritualmente decidieron unirse a Kiula y su esposa en la "diversión". Su borrachera no fue única. No fue una lamentable indiscreción de un día de mal juicio. No, eligieron deliberadamente lo que querían día tras día tras día. Estuvieron desmayados, boca abajo, borrachos sin poder levantarse durante cinco días seguidos. Nunca había visto a personas tan ebrias como ellos parecían ser capaces de serlo. Sus elecciones fueron dañinas para ellos y perjudiciales para la misión. También trajeron un gran desánimo a nuestro equipo.

Enseñar algo a alguien mientras está borracho no es la mejor estrategia. Y enseñarle a alguien que se ha desmayado borracho no es diferente que hablarle a una pared. Invertir espiritualmente en estos nuevos discípulos simplemente no iba a suceder esta semana. Así que hicimos lo único que podíamos hacer. Esperamos a que terminara su estupor de borrachos. Nuestro tiempo ocioso dio un amplio espacio para que preguntas y dudas llenaran mi mente: Señor, ¿hemos perdido el tiempo? ¿Es inútil todo nuestro esfuerzo? ¿Nuestro trabajo ha significado algo? Dios, ¿cómo harás que se hagan discípulos aquí? ¿Dónde está la fe? ¿Es esto posible? ¿Deberíamos empacar nuestras maletas, darnos por vencidos e irnos a casa? ¿Estamos calificados para lidiar con esto?

A mí la misión me parecía imposible. Estaba perdiendo la esperanza. Me sentí como un fracaso. ¿Alguna vez te has sentido desanimado cuando las cosas no iban en la dirección que pensabas que Dios las estaba llevando? ¿O desanimado cuando tus esfuerzos de discipulado parecen minúsculos y sin importancia? Por supuesto que yo sí, y más a menudo de lo que deseo o me gustaría admitir. El discipulado a menudo puede parecer oscuro e imposible, especialmente si nos metemos en los charcos de lodo de la necesidad humana.

He experimentado esta realidad tanto en todo el mundo como en casa: he pasado un tiempo precioso invirtiendo en los demás solo para que ellos menosprecien y den la espalda a la verdad, diciendo cosas como las siguientes:

"Ya no creo en Jesús. Ahora soy ateo".

"¿Podrías dejar de usar a Jesús cuando oras? Prefiero quedarme con el término genérico Dios ahora, porque no podemos limitar 'dios' a uno de esos términos".

"Sé que Dios me ha hecho así, pero prefiero ser otro género."

"Ya no creo en la validez del cristianismo. Quiero decir, claramente las Escrituras no son dignas de confianza. Fueron escritos y desarrollados como todas las demás religiones del mundo".

A nadie le gusta derramar su corazón e invertir grandes cantidades de tiempo y energía con alguien solo para verlo alejarse y tirarlo todo por la borda. Es desalentador, frustrante, confuso, incluso enloquecedor e irritante. Y hace que sea fácil querer jalarse los cabellos y rendirse. Es fácil dejar que el desánimo se apodere de ti cuando tus "discípulos" toman caminos equivocados. A veces puede hacerte sentir como un fracaso, como si realmente no tuvieras lo que se necesita, como si no estuvieras calificado para esta misión.

Mientras esperábamos a que nuestros "discípulos" Hadzabe se recuperaran de su borrachera, Dios me habló y me traspasó el corazón mientras leía estos versículos aleccionadores:

> "Pues considerad, hermanos, vuestro llamamiento; no hubo muchos sabios conforme a la carne, ni muchos podero- sos, ni muchos nobles; sino que Dios ha escogido lo necio del mundo, para avergonzar a los sabios; y Dios ha escogido lo débil del mundo, para avergonzar a lo que es fuerte; y lo vil y despreciado del mundo ha escogido Dios; lo que no es, para anular lo que es; para que nadie se jacte delante de Dios". (1 Corintios 1:26–29).

Mientras leía, Dios comenzó a enseñarme y a recordarme la verdad. Sí, algunos de los discípulos con los que estábamos traba- jando parecían "débiles", "menores" y "despreciados". Sin embargo, Dios parecía estar eligiéndolos. Era como si Dios quisiera probarle al mundo de lo que solo Él es capaz: ¡elegir, transformar y usar a los que no son deseados, están incompletos, son decepcionantes e incompetentes!

Y el mensaje se hizo aún más personal. No se trataba solo de aquellos en los que estaba invirtiendo, sino también de mí. Una y otra vez, Dios elige y usa a los humildes y despreciados, a las cosas pequeñas de este mundo, ¡para que nadie se jacte! Con poco o nada de qué jactarme, fui incluido entre los no calificados que Dios podría usar para Su gloria.

A medida que corremos esta carrera, la línea de meta puede parecer lejana sin un final a la vista. Lodo, más lodo, y más lodo en cada esquina. ¡Muchos de nosotros podemos sentir que nuestras inversiones espirituales se quedan absolutamente en nada, alimen- tando aún más nuestras insuficiencias de sentirnos incompetentes!

Si ese eres tú, entonces estás en buena compañía. Pedro y Juan, discípulos de Jesús y conocidos seguidores, eran "hombres ordinarios e ignorantes", pero toda la gente estaba asombrada por su valentía (Hechos 4:13 NVI). ¿Cómo podían hablar tales palabras? ¿Y con tanto coraje? La gente "se dio cuenta de que estos hombres habían estado con Jesús" (Hechos 4:13 NVI). Pedro y Juan sabían lo que verdaderamente cuenta: ¡estar con Jesús! ¿Has estado cerca de Jesús? Entonces tienes lo que se necesita, incluso si no está "calificado" a los ojos de los demás.

La gente a menudo me ha preguntado: "¿Cuáles son tus calificaciones?"

Cada vez que escucho esta pregunta, todo lo que puedo pensar es en Filipenses 3:8–10, donde el apóstol Pablo considera todos sus logros como "basura" en comparación con conocer a Jesucristo, su Señor. Mientras que nuestras traducciones suaves al inglés, "amigables para los domingos por la mañana", usan la palabra "basura", Pablo en realidad usa una palabra mucho más fuerte en la escritura griega original. Pablo considera que sus "grandes" logros humanos son "estiércol" total en comparación con lo que Dios puede lograr en y a través de él.

Entonces, ¿cuáles son mis calificaciones? He comenzado a decir que mis únicas calificaciones son Jesús mismo y Su llamado para mi vida. otra cosa realmente no importa tanto. ¡Jesús es nuestra primera, más alta y más esencial calificación!

Sin embargo, muchas personas continúan sintiéndose inadecuadas para la misión. Podría ser que estés menospreciando la forma en que Dios te ha hecho único y te descalifiques a ti mismo incluso antes de comenzar, todo basado en la vara de medir y el estándar de otra persona.

Tal vez hayas caído presa de ese pensamiento. Tal vez te sientas incompetente porque crees que no sabes lo suficiente sobre la Biblia o no tienes la educación "adecuada". Tal vez te sientas no calificado debido a las luchas presentes, pensando: ¡Oh, hombre, me equivoqué de nuevo! ¡o no puedo creer que todavía estoy luchando con este pecado en mi vida! ¿Alguna vez superaré esto?

Tal vez no puedas superar tu historial. "No tienes idea de mi vida pasada", podrías decir. "No sabes lo que he hecho. No puedo ser calificado; soy mercancía dañada".

Si ese eres tú, tengo un pensamiento para ti: Pan de plátano. Sé que puede sonar loco en este momento, pero déjate llevar por mi cerebro loco por un segundo. Siempre recuerdo estar tan emocionado cuando mi mamá sacaba del horno pan de plátano tibio lleno de chispas de chocolate derretidas. ¡Tan delicioso! Ahora, ¿de dónde vino este increíble pan? Mi mamá hizo este delicioso pan con bananas desagradables, marrones, golpeadas, maltratadas y magulladas que comenzaron a perder jugo porque se habían dejado en el mostrador demasiado tiempo. Justo cuando estos plátanos podrían haberse tirado fácilmente, todavía tenían un propósito.

Puedes sentirte magullado, maltratado y golpeado por las luchas de la vida. ¡Pero Dios todavía tiene un propósito para ti! Esto es lo que Jesús quiso decir cuando compartió la verdad de que a quien mucho se le perdona, mucho ama (Lucas 7:47). Ser perdonado de mucho significa que has pecado mucho. Y Jesús está diciendo que, Él todavía tiene un propósito para ti. Podrás conectarte con otros en sus luchas y revelar el amor de Dios de una manera poderosa y práctica porque has estado donde ellos están.

Si estás atrapado en una lucha, confiesa tu pecado a Jesús y sigue adelante. No insistas en tu pecado y en lo terrible que es; más bien, vive en la realidad de lo que Jesús pagó en la cruz. No eres "incompetente" a pesar del juicio de otros y su incapacidad para superar lo que Jesús ya ha perdonado. Entonces, si alguien dice que no puedes tener un impacto basado en su pasado, ¡ignora amablemente su teología defectuosa!

También me pregunto cuántos de nosotros nos descalificamos por miedo. Nos preguntamos qué pasará o qué no pasará, así que no actuamos. Permitimos que el miedo tenga la última palabra y nos paralice cuando la duda se cuela. Nos preguntamos por qué Jesús se siente tan lejos cuando dice estar cerca.

Jesús dijo: "Id, pues, y haced discípulos de todas las naciones. . .

y he aquí, *yo stoy con vosotros* todos los días" (Mateo 28: 19–20, cursivas mías). A pesar de nuestro miedo, debemos dar un paso de fe. ¡Y mientras lo hacemos, experimentamos la realidad radical de Jesús con nosotros! ¿Te preguntas por qué Su presencia parece faltar y el miedo parece estar llenando cada grieta? Tal vez sea hora de simplemente dar un paso adelante en obediencia y confiar en que Su "perfecto amor echa fuera el temor" (1 Juan 4:18).

Tus luchas pasadas y presentes no te descalifican. Tu educación tampoco. Tampoco necesitas dejar que tu nivel de miedo te descalifique, ni siquiera. . . ¡tu edad!

Recuerdo haber estado en una capacitación para hacer discípulos en el sur de Asia cuando un joven se puso de pie y dijo: "Dios me está guiando para ir y compartir las buenas nuevas en [una región que no mencionaré]. Hay muy pocos creyentes allí y los hindúes persiguen fuertemente a los cristianos. Allí se necesita el Evangelio, ¡pero yo solo tengo diecisiete años! ¿Qué tengo que hacer?"

Mi hermano menor en Cristo esencialmente estaba diciendo: "¿Tengo lo que se necesita? ¿Soy demasiado joven? ¿Estoy realmente calificado para esto?

Conocía muy bien la sensación, así que le dije: "¡Puedes hacer esto, hermano! Has estado con Jesús, y eso es lo que verdaderamente importa. Él estará contigo a medida que avanzas. Y puedes dar ejemplo a todos los creyentes. Muchos eruditos piensan que el profeta Jeremías tenía solo diecisiete años cuando Dios lo llamó por primera vez y lo envió a ir. Muchos incluso piensan que algunos de los discípulos podrían haber comenzado cuando eran adolescentes. ¡Estoy emocionado por escuchar cómo Jesús te usa!"

No permitas que otros te descalifiquen de lo que Dios está haciendo. Ni extraños. Ni enemigos. Creyentes no bien intencionados pero engreídos. Ni siquiera tus familiares y amigos más cercanos. Eso está por encima de su autoridad. Deja que solo Dios determine qué tan calificado estás para sus planes y misión.

Recuerdo haber hablado con mi tío abuelo Trevor sobre los "no calificados", y compartió esta historia conmigo, declarándola como uno de sus momentos más emocionantes en el campo misional:

"Había un chico indio al que no se le permitía predicar en la asamblea de la iglesia local porque no tenía suficiente educación. Así que decidí llevarlo a la tribu y le dije: "¿Por qué no predicas aquí?" Dios comenzó a usar a este hermano "sin educación" para llevar a innumerables personas a Jesús. Ahora, años después, lo han convertido en líder de la organización misionera, Misión Evangélica India. ¡Charlie, nunca pases por alto a aquellos que son menospreciados por los demás!"

A medida que avanzas en la causa del reino de Dios y te lanzas a los charcos de lodo de la necesidad humana, puedes parecer "no calificado" según los estándares del mundo. Cuando los "descalificadores" te ataquen, ¡simplemente corre hacia Jesús! Realmente es el único calificador y calificación que necesitamos.

Mientras corres con Jesús, no pierdas de vista lo que se siente al estar "no calificado" como uno de sus vasos escogidos. Es probable que encuentres a otros que se sienten igual: humildes y despreciados, pasados por alto y menospreciados por muchos. ¡Presta atención! Es muy posible que sean la primera opción de Dios para la misión que se avecina.

¿Ahora qué?

- ¿Qué te ha hecho sentir que no estás calificado para tener un impacto en el reino de Dios? ¿Hay luchas específicas, miedos, declaraciones hechas por "descalificadores" o algo más que te obstaculice?
- ¿Qué crees que Dios quiere que hagas, a pesar de tu falta de "calificación" a los ojos del mundo? Y como resultado ¿qué quiere Dios que hagas ahora mismo con lo que sea que te hace sentir "no calificado"?
- ¿Quién en tu vida podría ser subestimado y pasado por alto por los demás? ¿Cómo podrías acompañarlos en sus vidas, alentarlos ("infundir valor en ellos") y empoderarlos en el Señor?

DIECISIETE
NUESTRO COMPAÑERO EN LA CARRERA

EL VIAJE FUE AGONIZANTE. Nos enfrentamos a varias averías. Estábamos varados en medio de la nada. Dormíamos en bancos de madera en escuelas locales aleatorias. Y luego estaba nuestro vehículo. Se movía a paso de tortuga, cinco millas por hora, para ser exactos, a menos que uno de nosotros saltara con una llave inglesa y golpeara la entrada de combustible del motor mientras el otro pisaba el acelerador. ¡Esa magia mecánica empujó nuestro auto a quince millas por hora por un total de tres minutos! Mirando hacia atrás, no estoy seguro de por qué no declaramos que el automóvil estaba muerto al costado de la carretera y le dimos un entierro adecuado.

Dios nos había estado guiando a mí ya Nathan a otra región para ser pioneros en más aldeas Hadzabe. Después de superar muchos obstáculos y peligros como los anteriores, finalmente llegamos al otro lado del lago Eyasi (el lago salado central alrededor del cual viven todos los Hadzabe). Aparcamos nuestro coche averiado en una escuela del pueblo y encontramos a un hombre dispuesto a llevarnos el resto del camino hasta nuestro destino previsto. . . como siempre, "por un pequeño precio".

Cuando llegamos a la ciudad , nos encontramos con un joven

que prometió mostrarnos el camino a la aldea Hadzabe. Aceptamos su oferta y se metió en el auto con nosotros.

Poco después de nuestro viaje, llegamos a un cruce de río. Nuestro conductor se detuvo, vio el agua, y nos dijo, "Ahora es su momento de salir".

Dada la dudosa profundidad del agua y el tamaño del auto, acordamos que salir parecía la mejor opción. Saltamos del auto y tiramos todo nuestro equipo al suelo. Y nuestro conductor se fue. . . ¡solo que no al otro lado del río, sino en la otra dirección! El senderismo sería nuestra única opción a partir de ese momento.

Recogimos nuestras mochilas y comenzamos la caminata, el sol de la tarde abrasándonos la cara y el cuello. La caminata imprevista fue agotadora. El único alivio vino al tomar breves respiros mientras compartíamos saludos con las personas que vivían en las chozas a lo largo del camino. Cuando llegamos al otro extremo del pueblo, nos encontramos con un lugareño llamado Musa. Su saludo fue amable y refrescante. "Mi nombre es Musa", dijo. "¡Bienvenidos a nuestro pueblo! Estamos felices de que visiten nuestra tierra".

Poco después, varias mujeres nos dieron la bienvenida y nos dijeron: "Dennos su ropa. Necesitan ser lavadas. Y tienes que ducharte. Enviaremos a algunos jóvenes para que traigan baldes de agua del lecho del río".

¡Sabes que despides un olor obsceno cuando la gente local te dice que es hora de ducharte! Solo había pasado una semana desde la última vez que nos duchamos. No es un tiempo inusualmente largo entre duchas cuando estás en el monte. ¡Sin embargo, aparentemente nuestro hedor a sudor hizo que los lugareños sintieran lo contrario! Estábamos encantados por la oportunidad de limpiarnos. Solo había un problema: ¡no teníamos más ropa que la que llevabamos puesta!

Medio riendo y un poco incómodo, miré a Nathan y le pregunté: "¿Qué vamos a hacer si quieren quitarnos la ropa para lavarla?"

"¡Lo sé!" Nathan dijo, hablando y riéndose al mismo tiempo. "¡Esto va a ser tan incómodo!"

Nos pusimos a pensar y concluimos: cuando estés en el monte, ¡haz lo que hacen los que viven ahí! Entonces, nos envolvimos en nuestras pequeñas mantas de cama. ¡Problema resuelto! Después de una buena limpieza y el regreso de ropa limpia, nos vestimos y fuimos a interactuar con más personas en aquel lugar.

Si bien tuvimos muchas conversaciones significativas esa noche, un encuentro fue particularmente especial. Fue con un joven llamado Enjilay. Nathan y yo disfrutábamos conversar con Enjilay, y nuestra conversación sobre las cosas cotidianas condujo sin esfuerzo a compartir el mensaje del evangelio. ¡Y Enjilay le dijo sí a Jesús por primera vez en su vida! Nuestras conversaciones con Enjilay solo aumentaron a medida que pasábamos tiempo en su pueblo. Enjilay a menudo se quedaba mucho tiempo después de que otros se habían ido, y buscábamos un tronco o una roca para sentarnos y hablar sobre la vida, Jesús o cualquier otra cosa en nuestras mentes.

Un día, Enjilay reveló la carga de su corazón al compartir con nosotros el significado de su nombre. "Mi hermano mayor murió y mis padres decidieron llamarme Enjilay", dijo. Luego, haciendo una pausa como si fuera demasiado doloroso decirlo, dijo: "Enjilay significa 'reemplazo'. ¡Realmente lo odio!".

Enjilay nos miró con cierta esperanza en sus ojos que querían creer que lo que estaba a punto de pedir en realidad podría ser concedido. Luego preguntó: "¿Puedo tener un nuevo nombre?"

"¡En realidad, sí, sí puedes!" Respondí. "Dios a menudo les dio nuevos nombres a muchos de sus seguidores. Creemos que debes orar y pedirle a Dios que te revele un nuevo nombre".

No teníamos idea de lo que realmente podría suceder, pero confiábamos en que el Jesús viviente involucraría activamente a Enjilay. Creíamos en la cercanía de nuestro Dios, quien personalmente nos enseña y equipa (Salmo 119:102; Hebreos 13:20–21), y confiábamos en que Él se encontraría con Enjilay en medio de sus luchas.

Unos días después, Enjilay se nos acercó y dijo: "Anoche, mientras todos dormían, escuché una voz que me llamaba. Decía: 'Ezekieli, Ezekieli, Ezekieli'".

Nos regocijamos con él. "¡Dios te ha renombrado Ezequiel!"

Ya no era un "reemplazo", Ezequieli estaba tan entusiasmado con el Dios viviente que acababa de encontrar que no podía guardárselo. ¡Ezekieli comenzó a reunir a otros para escuchar las historias bíblicas que compartíamos todos los días!

Su entusiasmo por contar la historia de Dios siguió creciendo. "Hay algunos Hadzabe en las aldeas cercanas que no han sido alcanzados", compartió. "¿Podemos ir allí y enseñarles también?"

"Ezekieli, ¿por qué no vas a enseñarles cuando nos vayamos?" lo insté. "De la misma manera que Jesús está con nosotros mientras vamos, ¡también está contigo mientras vas!"

Jesús no solo fue con Enjilay; Él también va contigo. Jesús no es simplemente por quien corremos; Él es en realidad con el que corremos. ¡Jesús es nuestro compañero de carrera!

Dicho esto, me temo que con demasiada frecuencia nos sentimos tentados a correr la carrera por nuestra cuenta. Vivimos, servimos y corremos como si Jesús todavía estuviera muerto en lugar de vivo y activo hoy. Compartimos ideas y hablamos de Dios sin interactuar con Él realmente. Ignoramos Su presencia cuando todo el tiempo Él está justo en medio de lo que sea que estemos haciendo, donde sea que estemos. Sentimos la presión de encontrar respuestas para otros y brindarles soluciones para lo que solo Jesús puede brindar. Murmuramos oraciones sin pasión en las reuniones, a la hora de acostarnos y antes de las comidas, todo el tiempo, prácticamente ignorando a nuestro Compañero y Amigo más cercano al que estamos orando.

Hemos hecho mucho para Dios. ¡Es hora de que tomemos la mano del Jesús resucitado y corramos esta carrera con Él! Así como una flecha no puede volar lejos sin un arco, tampoco podrás correr bien sin relacionarte con Jesús quien está totalmente presente y contigo.

¿Has estado viviendo y ministrando con Jesús o solo para Él?

Tal vez necesites pasar más tiempo a solas con Jesús y ver lo que tiene que decir (Lucas 10:38–42). Tal vez necesites reconocer Su presencia a lo largo de tu ajetreado día. Cuando surgen problemas y es necesario tomar decisiones, tal vez necesites hacer una pausa para orar y escuchar su guía antes de encontrar una solución o tomar una decisión. ¡Hagas lo que hagas, hazlo con Jesús!

Tienes un compañero de carrera todopoderoso y activo que siempre está contigo. Al igual que con Enjilay, Dios no te ve como un "reemplazo", sino como una creación única con la que vale la pena compartir Su vida. Mientras te calzas los zapatos para correr, no olvides que Dios te está esperando para que corras la carrera con Él. Sabiendo que Dios es quien corre con nosotros cambia nuestra perspectiva de cada obstáculo, decisión y etapa de la carrera que enfrentamos.

¿Ahora qué?

- ¿Has estado viviendo como si Jesús estuviera muerto y simplemente haciendo cosas para Él? ¿O has estado viviendo como si Jesús estuviera vivo, viviendo la vida con Él como con tu mejor amigo? ¿Cómo ha sido esto en tu vida?
- Sabiendo que Jesús está vivo, activo y presente en la carrera con nosotros, ¿cómo cambia esto tu perspectiva?
- ¿Cómo puedes reconocer y relacionarte intencionalmente con la presencia cercana de Jesús a lo largo de tus días esta semana?

DIECIOCHO
LLENO DE FE

"HAS VENIDO TODO ESTE CAMINO, amigo mío. ¿Me trajiste un regalo? preguntó Amisi con curiosidad.

Amisi fue uno de los muchos vecinos que conocimos cerca de la casa de Mary. Tenía cuarenta y tantos años, era flaco, con el pelo corto, un bigote fino y un rostro difícil de olvidar. Fumaba a menudo y tenía una tos constante que lo demostraba. Amisi era un hombre amable, accesible y siempre dispuesto a sentarse y hablar con nosotros cuando estábamos cerca.

Cuando llegamos a la casa de Mary después de un largo viaje, Amisi pasó a saludarnos. Estuvo en la puerta de Mary tan pronto como pudimos salir del Land Cruiser. Fue entonces cuando Amisi me preguntó por un regalo.

Desafortunadamente, no había planeado traer un regalo para Amisi. Entonces, bromeé cambiando las cosas. "He viajado hasta aquí para ir a verte. ¡¿Me trajiste un regalo?!" Yo consulté.

Amisi se rió. Sus esperanzas no eran altas en recibir nada. Estoy seguro de que pensó que al menos valía la pena intentarlo. Más tarde, saqué un encendedor de mi equipo y se lo di a Amisi. Un mechero siempre es un buen regalo para la gente de la selva, y ser generoso y amable ayuda mucho en la vida del reino. Cuando

Amisi vio el regalo, se iluminó (juego de palabras intensional). El humor y la risa, por cierto, también son beneficiosos en la vida y el ministerio.

En algún momento de una pausa en nuestra visita, Amisi preguntó: "¿Recuerdas a la mujer por la que te llevé a orar el año pasado?" Honestamente, no lo hice. Sin embargo, cuando Amisi comenzó a completar los detalles, el recuerdo comenzó a regresar a mí...

Un año antes, habíamos estado en la casa de Mary y pasó Amisi. Sabiendo que éramos pueblo de Dios, preguntó: "¿Me acompañas a orar por una mujer que está enferma?". Acordamos y seguimos a Amisi, sin saber a dónde íbamos ni qué esperar. Después de caminar más o menos una milla desde la casa de Mary, llegamos a la casa de la mujer. Entramos en la pequeña casa de adobe. Algunos familiares estaban presentes para ayudar a atender a la mujer que estaba acostada en su cama en el lado opuesto de la habitación. Cortésmente asentimos con la cabeza a los demás, pero nuestros ojos se dirigieron de inmediato a las piernas de la mujer. Eran gruesas y estaban hinchadas, del tamaño de troncos de árboles. Ella no podía caminar. No era una agradable vista; algo andaba muy mal.

Cuando la mujer se incorporó, nos saludamos en el lenguaje de clics de la tribu Hadzabe.

"Mutana", pronunció ella.

"Mutana", respondimos.

Ella no entendía inglés, y solo sabíamos unos pocas palabras Hadzabes. Pero sabíamos lo suficiente del idioma comercial, kiswahili, para comunicarnos. Entonces, hicimos todo lo posible para tener una conversación básica con la mujer y los miembros de su familia. Sin un traductor presente y careciendo de las habilidades lingüísticas necesarias para comunicarnos bien, nuestra conexión fue incómoda y breve.

Quedó claro que la mejor manera de proceder era hablar con el que no solo conoce y escucha todos los idiomas, sino que también los habla: Jesús. Ungimos la cabeza de la mujer con aceite, pusimos nuestras manos sobre ella y oramos: "Señor, ¿sanarás a esta mujer en el nombre de Jesús? Jesús, ¿te manifestarás en este lugar? ¡Venga tu reino y se hará! Amén."

Después de que terminamos de orar, le dimos a la mujer lo único que sabíamos ofrecerle además de nuestras oraciones: un reproductor de audio con historias bíblicas que habían sido grabadas en su lengua Hadzabe. Nos despedimos y regresamos a la casa de Mary.

No teníamos idea de lo que podría pasar. Sin embargo, confiamos en Jesús. Sabíamos que Jesús podía sanarla y, más aún, sabíamos que podía apoderarse de su vida y apoderarse de su corazón.

De vuelta en casa de Mary un año después, nuestra conversación con Amisi nos emocionó mucho en el corazón. "¿Recuerdan a esa mujer con las piernas hinchadas", continuó Amisi, "por la que ustedes vinieron y oraron? Bueno, ella ahora está caminando sin ningún problema. ¡Ella ha sido sanada! Y escucha esto, ella escucha esa Biblia en audio Hadzabe todos los días".

¡Ofrecimos una oración de fe simple un año antes, y Dios hizo lo milagroso como testimonio del evangelio! Aunque había creído que Jesús podía sanar (y había visto al Señor sanar milagrosamente a otros antes), me sorprendió que Jesús nos usara de esa manera. Estábamos llenos de alegría al saber que Jesús irrumpió en la casa de esa mujer. . . ¡Venga en verdad su reino!

Me encanta cómo Hebreos 11 describe la vida llena de fe: "...la fe es la certeza de lo que se espera, la convicción de lo que no se ve... Por la fe Abram... obedeció... salió sin saber adónde iba... por la fe Sara misma recibió fuerza para concebir, aun pasada ya la edad propicia... Por la fe pasaron el mar Rojo como por tierra seca... Por la fe cayeron los muros de Jericó..." (Hebreos 11:1, 8, 11, 29, 30).

La fe no es solo cómo comenzamos nuestra vida con Jesús (Efesios 2:8), sino que es cómo vivimos la vida con Jesús día a día (1 Corintios 16:13). Continuamente confiamos en Él, lo buscamos y esperamos que Él haga lo que actualmente no se ve. Él es quien "llama a las cosas que no son, como si fueran" (Romanos 4:17).

¿Estás enfrentando una situación que está esperando que el reino de Dios se abra paso? ¿Qué pasaría si comenzaras a mirar tu situación a través de los ojos de la fe, soñando con lo que Dios podría hacer|, puede hacer y podría desear hacer? ¿Qué pasaría si oraras con fe sencilla, Venga tu reino, Jesús, y hágase tu voluntad? Dios podría comenzar hacer, tanto en ti como a través de ti, lo que aún no ha sido realizado.

Comúnmente se ha dicho: "Fe se escribe R-I-S-K" [*Risk en español es riesgo*]. Vivir por fe es un llamado al riesgo. Abraham tuvo que dejar su ciudad natal sin saber lo que sucedería. Sara tuvo que confiar en que Dios haría lo imposible sin importar lo que pensaran los demás. Los israelitas tenían que creer que Dios continuaría manteniendo a raya las aguas. ¡Josué tuvo que seguir un plan de batalla! Dios puede pedirte que dejes atrás tu comodidad, creas lo imposible, entres en lo desconocido y hagas algo que no tiene absolutamente ningún sentido. Para vivir una vida llena de fe, ¡debes estar dispuesto a arriesgarte!

Arriesgarse no es complicado. Requiere, sin embargo, un coraje basado en la confianza. Vivir por fe cada día requiere confianza absoluta en nuestro Dios soberano. Y a medida que confíes en Él con valentía, comenzarás a presenciar que Dios hace mucho más de lo que podrías pedir o imaginar (Efesios 3:20).

El riesgo vale la pena. Ya sea orando por un extraño y confiando en Dios para abrirse paso o comprando un boleto de avión de ida a un país desconocido, vale la pena confiar y creer en Dios. Él trae "la certeza de lo que se espera" y nos da "convicción de lo que no se ve". La gloriosa aventura de una vida llena de fe bien vale la pena, ¡porque Jesús es digno de ella!

¿Ahora qué?

- ¿Cuándo fue un momento en que saliste con fe, sin saber lo que Dios iba a hacer?
- La aventura de una vida llena de fe requiere riesgo. ¿Qué tienes miedo de arriesgar?
- ¿Cómo te está llamando Dios a dar un paso de fe durante esta etapa de la vida? Pregúntale ahora mismo, Señor, ¿cómo es para mí la vida llena de fe?

DIECINUEVE
FE HACIA ADELANTE

ALGUNOS DE LOS momentos más asombrosos de la vida suceden cuando damos un paso de fe y vemos que se abre paso el reino de Dios. Dicho esto, ¿qué sucede cuando todavía estamos esperando un milagro, la concepción no ha ocurrido, no vemos que el mar se parta, los muros no han caído y la batalla aún ruge? ¿Qué tan fuerte es nuestra fe en los momentos invisibles, desconocidos y aún no ganados?

Recuerdo haber conocido a un niño llamado Harry. Siempre pasaba por nuestro campamento y susurraba algo que apenas podía oír. Al principio, me pregunté si estaba hablando o simplemente pronunciando una palabra. Le hacía señas para que hablara más alto, y levantaba la voz tal vez una millonésima de decibel. El aumento de volumen no ayudó; No pude escucharlo aun.

Una y otra vez le pedía que hablara más alto mientras acercaba mi oído a su boca. Entonces, finalmente, lo oí. Él dijo: "Ndizi". Harry estaba pidiendo un ndizi, la palabra swahili para plátano. Con mucho gusto le di a este niño un plátano. Haría casi cualquier cosa para poner una sonrisa en su rostro. ¿Por qué? Porque Harry tenía padres alcohólicos que a menudo lo golpeaban a él y a sus hermanos. Estos niños se quedaban hambrientos sin nada para comer día tras día. Algunas noches, nos despertaban gritos de agonía. venían de ¡su hogar casi a media milla colina arriba desde nuestra tienda! Sí, darle una banana a Harry era lo menos que podía hacer por él. A decir verdad, nunca supe realmente qué más hacer. La situación de Harry se sentía desesperada.

La vida de Harry es solo una de las muchas situaciones que se han sentido desalentadoras. En otra ocasión, estábamos sentados alrededor de nuestro campamento y un joven Hadza llamado Nayehnay pasó caminando. Lo invitamos a sentarse. Nayehnay comenzó a contarnos lo que estaba sucediendo en el área de su aldea. Sus palabras estaban llenas de dolor y sufrimiento.

"Los extranjeros ricos compraron tierras del gobierno y establecieron un campamento de caza. Los turistas vienen a dormir y cazar allí. Debido a que no quieren perder ganancias potenciales, este negocio de caza turística no quiere que cacemos en la región. Pero la caza es nuestra forma de vida y de sustento. ¡Así es como sobrevivimos!"

"Guau. Eso es muy difícil —dije. "Entonces, ¿cómo están manejando esta situación?"

"Algunos de nosotros cazamos en secreto", respondió Nayehnay. "Vamos de noche y regresamos temprano en la mañana para poder esconder los animales que traemos. Pero una vez, cacé un gran búfalo de agua en medio del día. Miré a mi alrededor para asegurarme de que nadie estaba mirando. Cuando regresé al pueblo, encontré un grupo de "militares" esperándome. De alguna manera me vieron; Escuché que toman fotos del cielo". Lo más probable es que sea un dron, pensé.

Nayehnay continuó: "Estos hombres me rodearon y me golpearon sin descanso. Me las arreglé para saltar fuera de su círculo y huir. Subí corriendo la montaña cerca del pueblo. Dos de los hombres me persiguieron mientras los otros se quedaron en el pueblo para vigilar.

"Evité a los dos hombres en la montaña y maniobré con cautela de regreso al pueblo para recuperar mis pertenencias. Apenas había podido agarrar mis zapatos y mi camisa cuando me vieron.

Sacaron sus armas y empezaron a disparar. Ni siquiera tuve la oportunidad de agarrar mi arco y flechas. Las balas silbaron a mi lado mientras salía corriendo. Seguí corriendo y corriendo y corriendo. Toda la noche corrí.

"Finalmente, llegué a un pueblo en una región vecina, viví en escondido allí durante dos años. No podía regresar a casa porque esos soldados estaban constantemente recorriendo la región buscándome".

Escuchamos atentamente a Nayehnay. Su historia nos conmovió, tanto la compasión como la conmoción y la ira llenaron nuestros corazones.

"Sabes, no soy el único con estos problemas", dijo Nayehnay. "Muchos están teniendo problemas por culpa de esta empresa turística extranjera. No les gusta que los Hadzabe cacen cerca de sus tierras. Si se enteran de que alguien ha estado cazando, envían hombres a nuestro pueblo para investigar quién es. Estos hombres intimidan y golpean a las personas hasta que alguien rompe y comparte el nombre del cazador. Luego rastrean al cazador y lo golpean. Si el cazador no muere por la golpiza, levantan cargos y lo encarcelan".

Nos preguntábamos qué se podía hacer. "¿Por qué alguien no le dice al gobierno lo que está pasando y busca ayuda?" preguntamos.

Con una sensación de desesperanza en sus ojos, Nayehnay respondió: "Lo hemos intentado. Todos los que han ido al gobierno local a quejarse de esta injusticia y a buscar derechos de caza han terminado muertos".

Estuve furioso con ira justificada el resto del día. Aparentemente, una empresa extranjera puede entrar, pagarle al gobierno, apoderarse de la tierra y obligar a los que viven en la tierra a irse. ¡Qué injusticia! Pensé: ¡Tomemos las armas y cuidémonos de esto nosotros mismos! Mientras oraba más tarde ese día, compartí con Dios que realmente podía relacionarme con el salmista mientras oraba por juicio sobre sus enemigos (Salmo 54:5; Salmo 3:7; Salmo 109:6–15). Mi oración se convirtió en, ¡Señor, haré lo que sea necesario para que tu justicia venga aquí!

Sin embargo, mientras oraba, Dios me advirtió: "¿Quién eres tú para tomar ese lugar?" Dios me recordó que Él es el que se venga; es nuestro trabajo perdonar y bendecir a nuestros enemigos (Romanos 12:19–20). La Palabra de Dios conmovió mi corazón, obligándome a orar, Señor, elijo perdonar a estas personas. Haz tu voluntad. Tú eres el juez; No yo.

Toda la situación parecía desesperada desde mi punto de vista. No podía ver ningún cambio positivo en el horizonte. Sin embargo, confiaba en que Dios de alguna manera arreglaría todas las cosas.

Romanos 4:17 proclama la alentadora realidad de que Dios "llama a las cosas que no son, como si fueran", incluida la promesa de convertir a Abraham en padre de muchas naciones. Pero Romanos 4:18 (NVI) revela que no todo fue fácil para Abraham: "creyó en esperanza contra esperanza". Abraham no podía ver lo que Dios vio en el horizonte. No tenía idea de cómo podrían ocurrir los cambios que Dios prometió. Aun así, Abraham creyó y confió en que Dios abriría camino y cumpliría su promesa.

Hebreos 11 está repleto de momentos decisivos realizados por seguidores llenos de fe. Pero también está repleto de personas que vivieron con fe y confianza. Todavía no vieron cumplida la promesa. Todavía no saborearon la plenitud de la victoria. Aún así, se aferraron a la fe para el futuro: "...todos estos, habiendo obtenido aprobación por su fe, no recibieron la promesa, porque Dios había provisto algo mejor" (Hebreos 11: 39–40). Esperaban la venida de Jesús.

Lo mismo puede ser cierto en nuestras vidas. Es posible que todavía no veamos el avance. Así que esperamos y vivimos con confianza en la fe, anhelando que Jesús regrese y arregle todo.

Aunque no podemos verlo ahora, podemos estar seguros de que cuando Jesús regrese, ¡Él restaurará completamente toda la creación! Cuando Jesús venga, responsabilizará a los que fueron responsables de la injusticia entre los Hadzabe. Esto incluye a los abusadores de Nayehnay. Se enfrentarán al juicio de Dios. Y los padres del pequeño Harry también. Ellos también serán responsables. Se hará justicia. De hecho, Dios arreglará todas las cosas para

todos los que han sido agraviados, quienesquiera que sean, dondequiera que vivan, cualesquiera que sean las circunstancias.

Y en el gran día del regreso del Señor, los creyentes de entre los
Hadzabe, junto con todos los creyentes en todo el mundo, se
sentirán abrumados por una gran alegría en la presencia de Jesús al
darse cuenta de que todo lo que habían esperado y anhelado se ha
cumplido.

Como creyentes, tenemos cierta esperanza en el reino venidero
de Cristo, donde toda injusticia será corregida, toda hambre elimi-
nada, toda enfermedad sanada, todas las lágrimas enjugadas y
todas las guerras terminadas. Y en ese día, lo mejor de todo:
¡veremos a Jesús cara a cara y experimentaremos plenamente la
presencia misma de Dios!

¿Dónde estás estos dias? ¿Estás atrapado entre la promesa y el
avance? Puede que no sepas a dónde vas. Puede que no sepas lo
que hay a la vuelta de la esquina. Es posible que no sepas cómo la
luz atravesará la oscuridad en tu situación. Pero, ¿confiarás en
Aquel, en Jesús, que sí sabe?

Aquellos en la Biblia que vivieron vidas de fe no conocían el
proceso, los detalles o los medios para llegar allí, pero confiaban en
que Dios traería el resultado final prometido. En su presente, ni
siquiera recibieron la plenitud de lo prometido. Al final, recibieron
todo lo que Dios prometió y más porque, en fe, creyeron y
confiaron en Él a lo largo del camino.

Tal vez te estés aferrando a promesas actualmente incumplidas.
Tal vez no veas ningún resultado en tu horizonte. Confía en Dios.
Búscalo. Tal vez Jesús se abrirá paso por hacia a ti, como lo hizo con
el poder sanador de la mujer Hadzabe que no podía caminar, como
lo hizo con Abraham y Sara, y como lo ha hecho con muchos otros.
O tal vez tengas que esperar con gemidos y anhelos hasta que Él
venga de nuevo para liberar a toda la creación de la esclavitud de la
corrupción (Romanos 8:18–25). Aunque nuestra línea de visión a
menudo se limita a lo que está justo en frente de nosotros, no
debemos perder de vista la verdadera meta, donde Jesús nos salu-
dará con un "¡Bien, siervo bueno y fiel!" (Mateo 25:23).

Puede que no veas cómo el viaje, los caminos o los planes te llevarán hasta el final. Pero por fe, puedes estar (y estás) seguro del resultado final. Jesús lo prometió, así que con certeza sabemos que es verdad: ¡Él viene otra vez! Y en ese día, todas las cosas serán completadas y cumplidas en Él. Toda oscuridad será destruida. Él arreglará todas las cosas. ¡Se ganará la carrera!

¿Ahora qué?

- ¿Te has enfrentado o te enfrentas actualmente a una situación en la que aún no se ha visto el milagro, el avance o la victoria? ¿Cómo es estar así?
- ¿Hay alguna injusticia que hayas enfrentado o visto en el mundo que te haya enfurecido? ¿Has podido perdonar a otros, entregar tu situación a Dios y confiar en Él como el juez supremo (porque la venganza es suya)?
- ¿Cómo te anima saber que Jesús vendrá de nuevo para arreglar todas las cosas? ¿Cómo puedes mantener esto en primer plano en tu mente cuando ocurre una tragedia?

VEINTE
PERSIGUIENDO VAGABUNDOS

ME ACOMPAÑÉ en una motocicleta con mis dos amigos, Omar y Prim, y nos aventuramos en la noche lluviosa para encontrar el barrio rojo local. Aunque los burdeles y la prostitución callejera están bastante abiertos en algunas áreas del sur de Asia, no lo están en este país. Así que tuvimos que investigar un poco para descubrir dónde se estaban llevando a cabo estas actividades ocultas (e ilegales). Mi apariencia americana blanca no sería ventajosa para nuestra búsqueda. El impermeable negro, la gorra de béisbol verde y la máscara de montar oscura que llevaba puesta ayudaron a resolver ese problema. Estacionamos la motocicleta afuera de un área de hotel débilmente iluminada y comenzamos a mirar alrededor.

Tomamos nota de un edificio con velas encendidas en la ventana al lado de la entrada. Omar dijo lo que estábamos pensando los tres: "¡Chicos, este podría ser el lugar!"

Nos acercamos al edificio para saber si era el tipo de establecimiento que buscábamos. Necesitábamos un lugar en el que pudiéramos sentarnos mientras buscábamos incursiones potenciales para cualquier negocio turbio y oculto que pudiera estar ocurriendo.

"¿Vendes alcohol aquí?" Omar preguntó a alguien cerca de la entrada. La respuesta sería útil para saber si estamos en el camino correcto.

"No", fue la respuesta.

Ver a una familia sentada en una mesa justo dentro de la puerta principal junto con la noticia de "sin alcohol" nos indicó que teníamos que llevar nuestra búsqueda a otra parte.

Caminando un poco más por la calle estrecha, llegamos a un hotel. Prim reconoció al dueño. Lo saludamos y charlamos brevemente. Entonces Prim discretamente le dijo al dueño lo que estábamos haciendo.

"Estamos tratando de averiguar dónde está ocurriendo la prostitución", dijo Prim en voz baja. "Queremos ayudarlos a escapar de ese estilo de vida".

El dueño nos indicó que lo siguiéramos adentro. Cerró la puerta y nos sentó en una mesa del vestíbulo.

"Ustedes están haciendo algo bueno", dijo. "Sabes, la prostitución y el tráfico sexual son rampantes en esta área. Algunos de los propietarios de hoteles están permitiendo que suceda en sus hoteles. Es posible que deseen hablar con los conductores de rickshaw [un rickshaw es una bicicleta de tres ruedas que tiene un banco en la parte trasera y transporta a la gente]. La mayoría de esos conductores saben a dónde llevarte si les preguntas. Pero ten cuidado al programar una reunión con algunas de las chicas, porque la policía ocasionalmente hace redadas".

Agradecimos al dueño por su ayuda y fuimos a buscar algunos conductores de rickshaw. Encontrarlos fue fácil; conseguir que nos dieran información útil era otra historia. Sin estar seguros de cuál debería ser nuestro próximo movimiento, regresamos a la casa de Prim para pasar la noche. Habíamos terminado por la noche, pero nuestra búsqueda no había terminado. Confiamos en que el Señor que nos había guiado hasta aquí no nos dejaría sin resultados.

Al día siguiente, continuamos nuestra búsqueda. Manejamos a otra área de la ciudad y el plan de Dios comenzó a desarrollarse de maneras inesperadas. Viajando por una calle lateral, detuvimos nuestra motocicleta. Increíblemente, en la motocicleta que se detuvo justo delante de nosotros iba un hombre llamado Radhesh, a quien habíamos conocido unos días antes. Aunque Radhesh había compartido su corazón por las víctimas de la trata y el abuso, nunca habíamos hecho más planes con él.

Omar le dijo lo que estábamos haciendo y Radhesh dijo: "Déjame ver qué puedo hacer. Creo que podría encontrar un agente [conocido también como proxeneta] para que interactuemos." ¡Parecía que Dios nos había provisto una cita divina!

Más tarde, Radhesh llamó para compartir la noticia. "Me puse en contacto con algunas personas y establecí una oportunidad para que se conecten con los agentes. La oportunidad parece prometedora".

Esa noche, Omar y otro amigo llamado Aarush fueron a encontrarse con los agentes y programaron un tiempo para pasar con dos chicas. Omar y Aarush recogieron a las chicas en un taxi y emprendieron el viaje hacia un hotel. Las chicas no tenían idea de lo que estaba pasando ni quiénes eran los dos hombres que se las llevaban. Solo esperaban atender a otro cliente. Si bien Omar y Aarush les dijeron a las chicas que las llevarían a una reunión con algunos extranjeros, aún no habían compartido ningún detalle.

Más tarde, una de las chicas reveló que había estado muy ansiosa en este momento y estaba pensando, no sé mucho inglés. Espero que esto vaya bien. Nunca he estado con un cliente extranjero antes.

Omar y Aarush organizaron una habitación de hotel y una comida para las dos chicas. Luego, estos hombres explicaron que algunas personas vendrían a bendecirles, pasar tiempo juntos y simplemente aprender sobre sus vidas.

Más tarde esa noche, el resto de nosotros llegamos a la reunión secreta. Mi esposa, Dara, y yo nos reunimos con Omar en la sala de reuniones de un hotel con una de las chicas, mientras que otra pareja se reunió con Prim y la otra niña en una habitación de hotel alquilada. Era tarde y no había nadie aparte del personal del hotel.

Dara y yo entramos en la habitación, nos sentamos, respiramos hondo y le sonreímos a la chica que estaba sentada frente a nosotros.

"Hola, mi nombre es Dara", comenzó mi esposa.

"Y yo soy Charlie", agregué.

"¿Cómo te llamas?" preguntó mi esposa.

"Mi nombre es Prisha", respondió la chica tímidamente, evitando el contacto visual mientras hablaba.

"Prisha, eres hermosa", dijo mi esposa. "Solo estamos aquí para amarte, pasar tiempo contigo y conocerte, queremos que sepas que no te juzgamos de ninguna manera. Solo queremos aprender sobre tu vida".

Nos enteramos de que toda la familia de Prisha murió en un gran terremoto que ocurrió en 2015. Prisha finalmente terminó aquí, esclavizada por esta oscuridad. Pero lo que realmente quería hacer en la vida era convertirse en estilista.

Las luces parpadearon y luego se volvieron negras. Hubo un corte de energía en el bloque de habitaciones en el que nos reuníamos. Salimos para sentarnos alrededor de una mesa pública que tenía luces que funcionaban. Vimos un toldo cercano que se adaptaba a nuestra necesidad y comenzamos a caminar rápidamente para evitar la lluvia torrencial. Prisha, sin embargo, no parecía tener prisa. Caminaba despacio y miraba al cielo.

"Prisha", le pregunté, después de que nos sentamos, "¿por qué estabas mirando hacia el cielo?"

"Bueno", explicó, "quería disfrutar del cielo. He estado encerrada en una habitación durante seis días seguidos y he estado con al menos diez clientes por día. Hoy es el primer día de esta semana que salgo de esa habitación, para reunirme con ustedes. Entonces, como dije, solo quería disfrutar del cielo".

Sus palabras traspasaron nuestros corazones y entristecieron nuestras almas. Profundamente deseando que Prisha supiera cuán amada es por Dios, ¡anhelamos hacer todo lo posible para ayudarla!

Cuando nos sentamos bajo el toldo, mis ojos se fijaron en un tatuaje en el interior del antebrazo de Prisha. El tatuaje decía FE,

ESPERANZA, AMOR en un diseño intrigante. Pensé: ¿Por qué una chica como esta tendría un tatuaje que dice FE, ESPERANZA, AMOR? ¡Tengo que preguntar!

"Ese es un tatuaje realmente genial", le dije. "¿Por qué decidiste hacértelo?"

"Pensé que el diseño se veía genial", respondió Prisha con una sonrisa.

"Estoy de acuerdo en que el diseño es realmente agradable; Creo que es un gran tatuaje. ¿Sabes el significado de eso?

"No, no lo sé", respondió Prisha.

Empecé a pensar: ¿Podría Dios haber puesto este tatuaje en la vida de Prisha como un puente hacia el Evangelio?

"Prisha", compartí con entusiasmo, "realmente es posible que tengas amor y esperanza en tu vida".

"Realmente quiero experimentar la fe, la esperanza y el amor", respondió ella. "No he sentido esas cosas desde que perdí a mi familia".

"Sé cómo puedes experimentarlos", compartí. "Experimentarás un gran amor y una gran esperanza en tu vida si primero confías en Jesús y tienes fe en Él".

A medida que nuestra conversación se profundizó, descubrimos que Prisha era budista. El Señor hizo arder nuestros corazones: ¡teníamos que proclamar cuánto ama Jesús a Prisha! Un problema: la lluvia golpeaba el toldo de metal, lo que nos obligó a hablar muy alto, y un ayudante de camarero del hotel junto con un guardia del hotel estaban cerca escuchando. Estaban intrigados por nuestra conversación. Normalmente, estaría encantado de que escucharan el Evangelio que se comparte. Pero esa no era una buena idea en este país. Compartir acerca de Jesús era ilegal, y había demasiado en juego para que Prisha lo pusiera en peligro. Esta noche, creíamos, era la noche de Prisha. Sabíamos que necesitábamos hablar con ella sobre la paz que Jesús podía traer y no queríamos que nada impidiera que eso sucediera.

Me incliné hacia Omar y le susurré: "Necesitamos otra habitación de hotel para poder hablar en privado acerca de Jesús con

Prisha. ¿Puedes decirle al personal del hotel que aquí hay demasiado ruido debido a la lluvia y solicitar una habitación temporalmente?

Omar habló con el personal del hotel y accedieron a nuestra solicitud. Corrimos bajo la lluvia torrencial hacia nuestro nuevo espacio de reunión, cerrando y asegurando la puerta detrás de nosotros. Nuestra privacidad una vez más estaba protegida, compartimos acerca de Jesús y animamos a Prisha a entregarle su vida. Nuestra conversación la conmovió, pero no estaba lista para orar verbalmente y comprometerse con Cristo en ese momento.

"Quiero seguir a Jesús", dijo, "¡y lo haré cuando salga de aquí y vaya a la ciudad principal!".

Terminamos nuestro tiempo juntos orando por Prisha. No recuerdo exactamente lo que oramos, pero recuerdo que el momento fue poderoso. Si bien Prisha no entregó su vida a Cristo en ese momento se plantaron semillas del Evangelio, las semillas del evangelio habían sido plantadas. Ahora dependería de Dios cultivarlas.

Antes de irnos, Prisha nos dijo: "Esta es la primera vez que me siento como en familia con alguien desde que mi familia murió en el terremoto. Gracias por brindarme su amor, sabiduría y ayuda". Cuando nos separamos y nos alejamos esa noche, comenzamos a pensar, orar y elaborar estrategias sobre cómo podríamos ayudar a Prisha a salir de la esclavitud y ayudarla a avanzar en su vida.

A la mañana siguiente, nuestro amigo recibió un mensaje de Prisha que decía: "Nunca antes había sentido una paz como esta en mi vida".

¡Parecía que el Espíritu de Dios estaba tramando algo en Prisha! Dios estaba tan preocupado por Prisha que nos hizo salir de casa, viajar al otro lado del mundo, buscar conexiones específicas durante varios días y sumergirnos en los charcos de lodo de la necesidad humana, en este caso, por una vida: La de Prisha. No tenemos idea de cómo terminará la historia de Prisha. Pero, ¿valió la pena el viaje? ¡Absolutamente!

Nuestra única noche con Prisha se originó en una carga dada

por Dios que se derramó durante un sermón un año antes. ¡Dios estaba hablando y mi esposa, Dara, estaba escuchando atentamente mientras un hombre predicaba sobre las personas que sufren en el mundo y cómo Dios nos está llamando a luchar por ellos! Un año antes, cuando el mensaje concluyó con la oración, Dara experimentó el sabor del corazón de Dios por los que han sido traficados y esclavizados.

Dios le dio a mi esposa esta carga, un pedazo de Su propio corazón. ¿Y por qué Dios haría eso? Porque Él se preocupa por aquellos como Prisha. Dios ve a Prisha. Él va tras uno solo. Y Él nos envía con Su corazón, incluso, y quizás especialmente, por el bien de uno.

Uno de los seguidores de Jesús llamado Lucas revela el corazón de Dios a través de las imágenes de una oveja, una moneda y un hijo. Lucas nos asegura que valía la pena buscar una moneda polvorienta, sucia y rayada (Lucas 15:8–10). Profundiza por ti mismo en Lucas 15 y descubrirás a un padre que decidió que valía la pena enfrentar la vergüenza cultural para salir corriendo y encontrarse con su hijo que regresaba.

Estos dos pasajes (sobre la moneda y el hijo) se abren con una poderosa imagen de una verdad contundente: Lucas nos deja saber que Jesús "... deja las noventa y nueve en el campo y va tras *la* que está perdida hasta que la halla? Al encontrarla, la pone sobre sus hombros, gozoso". (Lucas 15:4–5, cursiva mía). Para Jesús, uno solo vale la pena. ¡Y tanto vale la pena que Él dejará a los otros noventa y nueve en campo abierto, en peligro de lobos, osos o cualquier otra cosa que pueda venir contra ellos! Parece que Dios llega a medidas extremas por el bien de los perdidos, incluso si eso significa poner en peligro la vida de Sus seguidores en la Tierra, por el bien de Su plan eterno. Me encanta cómo lo expresó Nik Ripken cuando predicó en la Conferencia Terminando la Tarea en 2017: "¡Jesús sacrificaría a noventa y nueve de nosotros por un Isis, un Al-Qaeda, un Al-Shabaab!" Incluso por una sola persona vale la pena arriesgarlo todo.

Me encanta la historia de Desmond Doss retratada en la película Hacksaw Ridge [Nota del traductor: película conocida también con el título Hasta el último hombre]. Desmond Doss fue médico de combate en la Segunda Guerra Mundial. Una noche en la isla de Okinawa cuando todos los demás se retiraron, este soldado no lo hizo. Sabía que había más soldados heridos y moribundos que necesitaban rescate desesperadamente. Así que trabajó toda la noche y salvó a setenta y cinco hombres, uno a la vez. Corrió de un lado a otro por el campo de batalla, llevando a todos y cada uno de los soldados que no podían salir solos. Todo el tiempo, Desmond oraba: "¡Por favor, Señor, ayúdame a conseguir uno más! . . . ¡uno más! . . . ¡ayúdame a conseguir uno más!"[1] El cabo Desmond Doss sabía que valía la pena arriesgarlo todo por una sola persona.

Una moneda sucia y polvorienta valió la pena. Un hijo perdido valió la pena. Una oveja valió la pena. Un soldado valió la pena. Una sola vida vale absolutamente la pena, no importa lo lejos que tengas que correr para llegar a ellos, no importa lo atrapados que estén en un charco de lodo, y no importa lo embarrado que tengas que terminer para llevar el amor de Jesús. a ellos ¡Valen la pena!

Jesús no solo dice que valen la pena, sino que dio ejemplo de esto cuando caminó en la tierra en carne humana: fue tras la mujer junto al pozo, así como la mujer sorprendida en adulterio, fue tras doce hombres que vivían sin propósito, buscó a Pedro después de haberlo negado, ¡y lo arriesgó todo por ti y por mí yendo a la cruz! Una y otra vez, Jesús proclama de palabra y obra: uno vale la pena. Él fue incansablemente por uno solo. ¡Y Él sigue persiguiéndolos a través de personas como tú y como yo!

¡A veces es posible que tengas que buscar a una persona, incluso cuando parece que se está alejando cada vez más hacia los espesos charcos de lodo! No vienen solos. Necesitan a alguien que los persiga, los recoja, los lleve a la pista de carreras de la vida del reino y luego se regocije por su vida.

El pastor fue tras su única oveja cuando esta se fue corriendo en la otra dirección, ¡y quién sabe qué tan lejos o qué tan rápido tuvo que ir! El pastor recogió la oveja, la puso sobre sus hombros y la trajo de regreso, gozoso. ¿Buscarás a los demás de la misma manera que Jesús, el Buen Pastor, te ha perseguido a ti? ¿Incluso si siguen corriendo? ¿Incluso si no ceden al principio?

¿Hay alguna persona que tu Pastor desea buscar a través de ti? Hay más Prishas en el mundo, esperando que alguien los busque, los persiga y los traiga a Su reino. ¿Vale la pena una sola vida para ti?

¿Ahora qué?

- ¿Estás dispuesto a arriesgarte por el bien de una persona? ¿Por qué sí o por qué no?
- ¿Quién es una persona que Dios podría querer que persigas con Su amor?
- Ora ahora, pidiéndole a Dios que te dé una muestra de Su corazón por los perdidos y solitarios del mundo, aunque sea una sola persona.

VEINTIUNO
EXTRAÑOS

FUE mi primer viaje a la selva del este de África. Nuestro equipo condujo de un lugar a otro en un Land Cruiser abierto. El polvo era increíble. Después de varios viajes largos, estábamos cubiertos de mugre sucia y polvorienta de pies a cabeza.

Nos detuvimos en un pequeño pueblo en medio de la nada. Puede que el pueblo no estuviera en ninguna parte, pero la gente estaba en todas partes; el mercado local al aire libre estaba repleto. Las tribus Masssai se canalizaban desde todas las direcciones. Los vendedores se alinearon en la calle de tierra con mesa tras mesa de productos para vender.

El Land Cruiser se detuvo y salté para estirar las piernas mientras el conductor entablaba una conversación con uno de los lugareños. Decidí mirar un poco alrededor. Esa decisión fue más fácil decirlo que hacerlo. Avanzar diez metros a través de la multitud se logró a expensas de empujones, retorcimientos y contorsiones. Veinticinco pies adentro, decidí invertir el rumbo de regreso al camión. Cuando llegué al lugar donde estacionamos, el camión ya no estaba. Miré a la izquierda, a la derecha y luego en todas direcciones. Sin camión. Sin caras conocidas. El Land Cruiser y nuestro equipo no se encontraban por ninguna parte.

¡El miedo inmediatamente llenó mi corazón palpitante! Mi mente se inundó rápidamente con un pensamiento tras otro: ¿A dónde fueron? ¿Saben que no estoy en el vehículo? ¡Literalmente no tengo nada conmigo! ¡No tengo ni idea de dónde estamos! ¡Aquí nadie habla inglés! Estoy completamente perdido. ¡Esto no puede ser bueno!

Decidí caminar por la calle e intentar comunicarle a alguien (¡cualquiera!) que estaba buscando un camión con extranjeros. Los primeros intentos fueron un desastre. No me estaba conectando de manera significativa con nadie. Entonces noté a un hombre masai y me acerqué a él. Moví mis manos de izquierda a derecha como si estuviera agarrando un volante y conduciendo un automóvil. Incluso hice sonidos de camiones, como los que hacen los niños cuando pretenden conducir. Estoy seguro de que parecía una persona completamente loca. Estoy bastante seguro de que el tipo Masai pensó eso; me miró como si tuviera algunos tornillos sueltos. Pensé dentro de mí, bueno, al menos tendrá una historia que contar y de la que reírse en los días siguientes.

Me sentí como si estuviera jugando un juego de mímica; sólo que esto ya no era un juego. Buscando en mi mente alguna forma de conectarme, recordé la palabra swahili Mzungu (que significa "persona blanca"). Como si estuviera tratando de ganarle al cronómetro del juego, le dije al hombre: "¡Mzungu!" Asintiendo con la cabeza en afirmación, me repitió la palabra mientras señalaba el camino. Dos o tres conversaciones similares a lo largo del camino confirmaron que iba en la dirección correcta.

¡Finalmente, salí de entre la multitud y vi el camión y el equipo! Exhalé un gran suspiro de alivio. El consuelo y la paz inundaron mi alma. Un poco avergonzado, no quería decirle al equipo lo perdido que me sentía, así que me subí al camión y actué como si todo fuera normal. Parecían creerlo, y estábamos en camino.

Esta no fue la única vez que me sentí perdido o solo en otro país. Recuerdo aterrizar en un aeropuerto local en mi primer viaje a China. Cuando salí del avión, busqué señales en inglés. No existía ni uno solo; todos los signos eran símbolos chinos. Y ninguna persona hablaba una palabra de inglés tampoco. O si lo hicieron, no querían usarlo.

Después de recorrer cada centímetro del aeropuerto, encontré el área de equipajes. Esperé por mi equipaje y luego caminé fuera del aeropuerto para navegar a mi próxima aventura: un viaje en taxi. Un taxi se detuvo y me subí. Le entregué al conductor una tarjeta comercial con una dirección en chino. Eso era todo lo que tenía conmigo para reunirme con un contacto en algún lugar de la ciudad. Esperaba (y oraba) que me llevara al lugar correcto. Después de un viaje de veinte minutos, lo hizo. estaba agradecido

En otra ocasión, caminé solo por las calles de China. Aunque la gente iba y venía, el mundo frente a mí se sentía vacío y solitario. Yo era un extraño en una tierra lejana. Solo, incapaz de comunicarme adecuadamente y sobresaliendo como un pulgar adolorido, es una locura lo que puede hacerte sentir como un extraño perdido. La vida puede ser difícil de navegar cuando no encajamos.

Estas historias de "perdidos y solos" me recuerdan que, como ser un extraño en una tierra extraña, aquellos que creen en Jesús son extraños en este mundo. De hecho, solo estamos de paso. Y la realidad del mundo en que vivimos es sombrío. No es como debería ser: la violencia, el suicidio, la división familiar, el racismo, la guerra, el hambre, las enfermedades, la esclavitud, el tráfico y la muerte corren desenfrenados.

Realmente somos extraños y forasteros en este lugar que llamamos Tierra. Vivimos como ciudadanos de otro reino, adoptamos otra forma de vida y seguimos a otro líder que está a cargo: El Rey Jesús. ¡No estamos destinados a quedarnos aquí como creyentes sino a reunirnos con Dios cara a cara cuando Su reino venga por completo! De hecho, aquellos que vivieron por fe a lo largo de las Escrituras también se vieron a sí mismos como extraños:

"... confesando que eran extranjeros y peregrinos sobre la tierra. Porque los que dicen tales cosas, claramente dan a entender que buscan una patria propia. Y si en verdad hubieran estado pensando en aquella patria de donde salieron, habrían tenido oportunidad de volver. Pero en realidad, anhelan una patria mejor, es decir, celestial. Por lo cual, Dios no se avergüenza de ser llamado Dios de ellos, pues les ha preparado una ciudad". (Hebreos 11:13–16)

Siempre que no encajemos o nos sintamos extraños entre los demás, debemos recordar que en realidad somos extraños y que nuestro una meta en la Tierra es revelar la persona de Jesús a través de nuestras vidas (1 Pedro 2:11–12). Una vez escuché decir al evangelista Adrian Despres: "Dios debe ser un ogro horrible para dejarnos en un mundo como este. Si no fuera por una cosa: la misión.

Sentirse (y a veces ser) rechazado, marginado e ignorado es, lamentablemente, la realidad de los extraños. He experimentado esta realidad de vez en cuando. Y tal vez, como yo, tú también te hayas sentido así. Es una realidad bastante solitaria de experimentar. Pero también es una oportunidad increíble para recordar que la Tierra es solo nuestro refugio temporal y que nuestro hogar celestial algún día será nuestra residencia permanente.

Ahora mismo, tenemos un anticipo de nuestro hogar celestial a través del Espíritu de Dios (2 Corintios 5:5; Romanos 8:23). Cuando somos empujados y presionados y sentimos que estamos corriendo esta carrera solos, debemos recordar que el Padre, el Hijo y el Espíritu Santo han hecho su hogar en nosotros en este momento (Juan 14: 23–26). ¡Y su presencia en nosotros es solo una pequeña muestra de nuestro hogar por venir!

Tal vez actualmente te sientes perdido y solo en la carrera. Tal vez estás corriendo una parte de la carrera que nadie más está corriendo. A veces Dios permite que otros se separen de nosotros (e incluso nos abandonen por completo) para que podamos estar más a gusto con Él que con el mundo. Dios constantemente nos brinda la oportunidad de afirmar la verdad de estas conocidas letras: "He decidido seguir a Cristo. . . / Aunque ande solo, yo iré adelante. . . / No hay vuelvo atrás, no vuelvo atrás."

Aunque puede que no sea fácil vivir como un extraño en nuestro mundo, ¿has descubierto la asombrosa realidad de estar en casa con Jesús? Permite que tus circunstancias te lleven más y más a Jesús mientras Él hace Su hogar contigo, y tú haces tu hogar con Él. Y mientras lo haces, reflexiona sobre esto: ¡cualquier "hogar" que construyas con Jesús en la Tierra será solo una pequeña muestra de la realidad de tu hogar celestial por venir!

¿Ahora qué?

- ¿En qué momento te has sentido como un extraño: perdido, solo, incomprendido?
- Lee Colosenses 3:1–4. ¿Cómo puedes permitir que los sentimientos de ser un "extraño" te lleven a fijar tus ojos cada vez más en las cosas celestiales?
- A partir de esta semana, ¿cómo buscarás estar más en casa con Jesús que con la satisfacción mundana?

VEINTIDÓS

CUANDO LAS ORACIONES EXPLOTAN COMO GLOBOS

ANTES DE REALIZAR mi primer viaje a la tribu Hadzabe de África Oriental, seguí orando: Señor, tráeme un portador de cargas, un Amós. El nombre Amós en la Biblia significa portador de carga: llevar el corazón y la carga de Dios por un pueblo o lugar. Así que oré, Señor, ¿me traerás a alguien que lleve tu corazón por el pueblo Hadzabe? ¿Me traerás a alguien con quien pueda entrenar y asociarme para ver tu reino avanzar entre los Hadzabe?

Durante este primer viaje de exploración, me aventuré a un pueblo a predicar el evangelio; Quería ver qué tan receptivo o abierto podría ser el pueblo Hadzabe a Jesús. Varias tribus respondieron y algunas pidieron oración. Un hombre pidió oración por el dolor que estaba sintiendo en la rodilla.

Le pregunté: "¿Cómo te llamas?".

Su respuesta me sorprendió y me sacudió. "Mi nombre es Amós", respondió.

¿Dios realmente me trajo un portador de carga con el mismísimo nombre de Amós?

Pensé. Esperaba encontrar a alguien con el corazón correcto. Nunca esperé que Dios le proporcionara a alguien exactamente el mismo nombre. Oramos por el dolor en la rodilla de Amós.

Después de eso lo llevé a un lado para discutir la carga que Dios había puesto en mi corazón.

Amós había dicho que sí a seguir a Jesús cuando compartí con él. Así que le pregunté: "Si regreso, ¿le interesaría aprender historias bíblicas y ser capacitado para ir y compartir sobre Jesús con más personas Hadzabe?"

"Sí", respondió Amós, "¡Me interesaría mucho hacer eso!".

¡Todas las señales parecían apuntar a una oración contestada! Mi corazón se hinchó de alegría y latía con entusiasmo. ¡Alabé a Dios por Su provisión que pareció aterrizar justo en mi regazo!

Un año después, como estaba planeado, regresé a los Hadzabe, junto con mi amigo Nathan. Juntos, Nathan y yo comenzamos a entrenar a Amós y su esposa, Olo. Les enseñamos historias bíblicas casi todos los días durante semanas y semanas. Oramos juntos, comimos juntos y pasamos un tiempo precioso juntos. Parecía que todo iba como lo habíamos planeado. ¡Parecía que habíamos encontrado un corredor de lodo entre la gente de Hadzabe!

Pero las cosas no siempre salen según lo planeado. Las cosas no siempre son lo que parecen. Varios meses después de haber regresado a los Estados Unidos de este viaje, nuestra amiga y compañera de ministerio, Mary, llamó desde África. Uno de nuestros grandes amigos africanos, Oya, había muerto. Al escuchar la noticia, inmediatamente escribí esta actualización de oración:

> Nuestro amigo Oya recientemente se enfermó gravemente y murió. Oya, un cazador Hadza, era un padre de mediana edad, esposo, hombre alegre y un personaje central de su aldea. Él será extrañado por muchos. Escuchó el Evangelio antes de morir y escuchó muchas historias de la Palabra de Dios; diría que incluso tenía hambre de escuchar historias de la Biblia. Ore con nosotros por la familia y el pueblo de Oya. Señor ten piedad.

Nos encantó Oyá. Es más, ¡nos gustaba mucho estar con él! Oya era como el "payaso de la clase" de su pueblo. Siempre disfrutábamos de su compañía, y a menudo nos hacía reír.

Un año después de recibir la noticia de la muerte de Oya, Nathan y yo regresamos a la aldea Hadzabe. Una de las primeras cosas que hicimos fue preguntarle a Mary más sobre Oya y su muerte. "Mary, lo que realmente ¿Qué le pasó a Oya? Preguntó. "¿Por qué murió realmente? ¿Qué enfermedad contrajo?

Los ojos de Mary se hundieron hacia el suelo. "Bueno", dijo, "hemos oído que Amós estaba practicando la brujería. Amós se enojó con Oya y lo maldijo".

"¡¿Qué?!" exclamé. Estaba estupefacto y enojado a la vez. "¿Cómo es esto posible? ¿Qué pasó con Amós? ¿Dónde está ahora?"

"Los aldeanos lo echaron", explicó Mary. "Se fue a vivir al pueblo de al lado".

Apenas permití que Mary terminara su oración, presioné más: "¿Y qué le pasó allí?"

Ella nos contó todo lo que sabía: "Amós tuvo un conflicto con un médico brujo en ese pueblo. Así que mató al médico brujo. La gente también lo echó de ese pueblo".

"Esto es increíble; No puedo creer que esto haya sucedido", dije. ¿Dónde está Amós ahora?

"Escuchamos que Amós fue a un tercer pueblo", respondió Mary. "Mientras estaba allí, le robó algo de comida a alguien y se la comió. Poco después, su vientre comenzó a hincharse. Se hinchó tanto que se volvió tan grande y apretado como un globo lleno. Su estómago finalmente explotó y Amós murió".

Apenas podía creer lo que estaba escuchando. Aparentemente, Amós no solo comenzó a incursionar en la brujería después de que nos fuimos, sino que estuvo completamente involucrado en ella todo el tiempo. Estaba viviendo una doble vida de engaño y ganancia egoísta. No pude evitar pensar en el estallido de las entrañas de Judas después de su vida engañosa que lo llevó a la muerte (Juan 12:6; Hechos 1:18) o en Hechos 5:1-10 donde un hombre llamado Ananías engañó a la comunidad de creyentes. Dice que mintió al Espíritu de Dios, y como resultado fue herido de muerte. El juicio de Dios se encargó de esa manzana podrida.

¿Podría ser eso lo que le pasó a Amós? No estoy seguro, pero tal

vez. ¿Podría haber cosechado lo que sembró para juicio muy literalmente (Gálatas 6:7–8)? Posiblemente. Si la muerte de Amós vino
por juicio, coincidencia o simplemente como resultado de sus días
contados agotándose (Salmo 139:16), Dios estaba obrando todas las
cosas para Sus propósitos y planes.

Al principio comencé a pensar para mí mismo, ¡pensé que
Amós era la respuesta a la oración! ¡No solo explotó él, sino
también mi supuesta oración contestada! ¡¿De qué se trata todo
esto?! Pero a medida que pasaba el tiempo, me di cuenta de que
Dios estuvo presente todo el tiempo. Sus caminos son más altos que
mis caminos. Todavía no entiendo la plenitud de Amós, su muerte
y nuestras interacciones. Tampoco entiendo por qué sucedió todo
como sucedió. Lo que sí sé es que Dios usó a Amós para traerme de
regreso a los Hadzabe con una visión fuerte. Dios usó mis interacciones iniciales con Amós para edificar mi fe y alimentarme para
seguir adelante. Dios simplemente tenía otros planes para quién se
convertiría en el verdadero portador de la carga entre el pueblo
Hadzabe.

No sabía que Dios ya había traído un portador de cargas que
estuvo con nosotros desde el principio. Simplemente no era quien
inicialmente pensé que era. La verdadera portadora de la carga ya
estaba corriendo la carrera junto a nosotros, y ya estaba captando
la visión para abrazar todos los charcos de lodo de gran necesidad a
su alrededor fue Mary. Mary fue el Amós que lleva la carga todo el
tiempo. Y Dios me ha confirmado Su elección una y otra vez a lo
largo del tiempo.

Podemos orar y orar y orar. Y podemos pensar que sabemos
cómo Dios está respondiendo nuestras oraciones. Es posible que
luego descubramos que nuestras oraciones respondidas parecen
explotar como globos y nos dejan conmocionados, tomados por
sorpresa, confundidos y decepcionados. Pero ese no es el final. Dios
está haciendo más de lo que podríamos pedir o imaginar (Efesios
3:20). Y Sus respuestas a nuestras oraciones son mucho mejores de
lo que podemos ver, planear o soñar.

Nuestra situación actual puede no parecer mejor de lo que

podríamos imaginar en el momento. Pero en la plenitud del tiempo, cuando todo esté dicho y hecho, las respuestas soberanas de Dios lograrán mucho más. De hecho, ¡nos sorprenderán por completo! (Habacuc 1:5). No podemos olvidar que corremos esta carrera "por fe andamos, no por vista" (2 Corintios 5:7). Confía en Él. Confía en su fidelidad. Él saldrá adelante, ¡a menudo de maneras inimaginables!

¿Ahora qué?

- Mirando hacia atrás en su vida hasta este punto, ¿cuándo fue el momento en que ahora puede ver que Dios estaba haciendo mucho más de lo que imaginaba?
- ¿Cómo sería para ti confiar en los caminos de Dios más que en los tuyos en medio de la incertidumbre y lo oculto?
- ¿Qué crees que agobia o quebranta el corazón de Dios en el mundo? Ora y pídele a Dios que te dé una muestra de lo que le agobia, una muestra de lo que rompe Su corazón en el mundo.

VEINTITRÉS
SOSTENIMIENTO EN LA CARRERA

ME DESPERTÉ DE UNA SACUDIDA, SUDOROSO y con el corazón desbocado. Me sentí aliviado de que solo fuera un sueño, pero no pude evitar preguntarme, ¿hay más en esto? En mi sueño, Jesús estaba deformado con una piel vieja y arrugada. Era mucho más decrépito e inquietante que la saludable visión de un carpintero de Oriente Medio de treinta años que puedas imaginar. Me tomó por sorpresa y me inquietó. Antes de que pudiera empezar a darle sentido al sueño, estas palabras, como si fueran del mismo Jesús, me vinieron a la mente: "Así es como me ven estas personas".

¡La gente aquí tiene una visión de Jesús que está completamente sesgada! Pensé. ¡Lo necesitan desesperadamente, pero no conocen al Jesús resucitado que está lleno de vida!

Caminé hasta la sala principal y me sirvieron el desayuno: ensalada recién cortada con algunos pimientos muy picantes del jardín trasero. Este no era mi desayuno típico, pero agradecí la hospitalidad de esta familia musulmana de Asia Central que nos permitió quedarnos en su casa.

Cuando terminé de desayunar, me dirigí hacia la cancha de fútbol al otro lado del pueblo donde nuestro equipo estaba organizando un campamento de fútbol para niños locales. Mientras me dirigía a unirme a ellos, muchos aldeanos pasaron a mi lado. Se dirigían hacia la mezquita del pueblo calle abajo.

Un altavoz resonó, "Allahu Akbar", comenzó con el volumen suficiente para que todos en la ciudad escucharan y prestaran atención llamando a la oración.

Tomé nota de los edificios deteriorados y descuidados de la comunidad empobrecida que quedaron de los horrores pasados del comunismo. Las estatuas de Stalin y Lenin permanecieron en pie, pero se estaban desmoronando en los bordes y cubiertas de maleza. Claramente habían sido abandonados por algún tiempo. Las estatuas y los edificios se sentían como una realidad externa simbólica de las almas internas de las personas: polvorientas, dilapidadas, abatidas; desmoronándose y esperando algo mejor que nunca llegó.

Llegué al campo de fútbol y me conecté con el equipo. No pasó mucho tiempo antes de que una multitud de niños del pueblo se uniera a nosotros y comenzaran a jugar el juego de "fútbol" que tanto les gusta.

Mientras jugaban, un niño nos llamó especialmente la atención: Vladik. No eran sus habilidades futbolísticas lo que lo diferenciaba (¡aunque era bastante bueno!); era su variado color de piel y cabello. Señalaron su estatus de clase baja en este país en particular; de hecho, mucha gente despreciaba el origen étnico de Vladik. Aun así, había algo más que nos atraía hacia él.

Entre juegos comenzamos una conversación con Vladik. Descubrimos que aún no había conocido a Jesús. ¡Compartimos la historia básica de Jesús, y Vladik respondió con alegría y puso su confianza en el Señor! El rostro de Vladik se iluminó con una sonrisa que reflejaba la luz del cielo. Vladik pudo haber sido considerado de clase baja por su país, ¡pero ahora se había convertido en un hijo del Dios Altísimo! De ciudadano de segunda clase a privilegio de primogénito, de menor y último a hijo del Rey, el favor de Dios brilló sobre Vladik.

Él dijo: "Todos ustedes son como mis mamás y mis papás". Nos conmovió profundamente este niño y la innegable alegría en sus ojos. Me preguntaba cuántas personas lo habían pasado por alto debido a su estatus social, edad y geografía. Ni siquiera nos habíamos separado, ¡y ya lo estaba extrañando! No podía dejar de regocijarme por el hecho de que su vida había cambiado para la eternidad.

Le dimos a Vladik una Biblia para niños en su propio idioma. Se aferró a ella como si fuera oro. Estoy bastante seguro de que el mejor luchador del mundo no podría haber arrancado esa Biblia de las manos de Vladik. Siguió sosteniendo la Biblia apretada contra su pecho y cerca de su corazón.

Cuando terminó nuestro tiempo juntos, Vladik agarró su Biblia con fuerza en la mano y corrió hacia su casa. Estaba tan emocionado de compartir con su familia lo que había sucedido. Me asombró el hambre de Vladik por la Palabra de Dios. Finalmente, Vladik tuvo la oportunidad de comenzar a aprender sobre el Jesús viviente por sí mismo.

Desafortunadamente, muchos aún no tienen la oportunidad de Vladik. No tienen a nadie que les hable de Jesús. Tampoco tienen acceso a una Biblia que puedan poseer o entender. Y si quisieran una, ni siquiera tendrían la menor idea de por dónde empezar a encontrarla. En este momento, así es como se ve Juan 3:16 en muchos idiomas:

"   ."

Simplemente no existe. Lamentablemente, esta sigue siendo la realidad para muchos grupos de personas en todo el mundo. Hasta hace poco era el caso de la tribu Hadzabe de África Oriental. Es decir, hasta que completamos la traducción y la grabación oral de historias bíblicas en su lenguaje.

El trabajo fue minucioso, pero ¡oh, valió la pena! Nunca olvidaré el día en que Onwas, un anciano de la tribu Hadzabe, escuchó las Escrituras en su idioma por primera vez. Mientras escuchaba las historias, se llenó de alegría y comenzó a repetir (¡en voz alta!) ¡cada palabra que escuchaba! Declaró que finalmente entendió las historias de Dios. El impacto de la Palabra de Dios en su vida y en la de muchos otros fue asombroso.

Onwas proclamó: "Estoy tan feliz de escuchar la Palabra de Dios en mi idioma. Creo que si el pueblo Hadzabe escucha estas palabras, ¡irá a Dios! Mientras escucho en idioma hadzabe, entiendo todas las palabras. Ahora, siempre pienso en Jesús y Dios en lugar del dios sol, Ishoko, a quien tradicionalmente hemos adorado. Siempre estaba pensando en Ishoko por la mañana y pidiéndole ayuda en mi caza. Pero ahora, siempre es a Dios y a Jesús a quien busco". ¡Todo lo que Onwas necesitaba era una pequeña muestra de la Palabra de Dios para dejarlo con un hambre insaciable por más y más! Los Hadzabe son maestros recolectores de miel. Y cuando encuentran una fuente de miel, celebran con alegría. Dicho esto, nunca había visto a Onwas estar tan emocionado por cualquier cantidad de miel como cuando la Palabra de Dios se volvió accesible para él en su propio idioma.

Otro miembro de la tribu recibió la Biblia en audio Hadzabe. Se sentó debajo de un árbol y escuchó atentamente cada palabra. Pensé que podría parar después de una hora más o menos. Ni siquiera cerca. Continuó hasta bien entrada la noche, escuchando libro tras libro de la Biblia. Estaba enganchado.

En otro pueblo remoto, los tribales vinieron durante días para escuchar la Palabra de Dios. Compartíamos la Palabra de Dios con ellos durante horas todos los días. Para nuestro asombro, siguieron viniendo y rogándonos que compartiéramos más y más. Apenas podían esperar para despertarse y unirse a nosotros. Día tras día, no podían esperar a escuchar otra historia de lo que Dios tenía que decir. Estaban tan hambrientos de la Palabra de Dios que voluntariamente y con sacrificio dejaron atrás sus necesidades diarias para venir y escuchar.

Mientras mi mente se precipita hacia aquellos como Vladik, Onwas y muchos otros que realmente tienen hambre de la Palabra de Dios, me veo obligado a evaluar mis propias interacciones con las Escrituras. ¿Cómo sería mi vida sin una Biblia; ¿Se vería diferente a como se ve ahora? ¿Qué pasaría si no pudiera tener en mis manos una Biblia aunque quisiera?

Tengo la bendición de tener la Biblia fácilmente accesible, en cualquier lugar y en cualquier momento. Puedo leer cualquiera de las varias copias en mi estante, tanto en casa como en mi oficina. Puedo sacarlo en mi teléfono. Puedo buscarlo en línea. Puedo comparar diferentes versiones y consultar comentarios.

Tan fácil acceso a la Biblia es casi insondable para muchas personas en todo el mundo, como mi amigo somalí John. El simple hecho de ser visto con una Biblia en Somalia, y mucho menos profesar fe en Jesucristo, podría hacer que te maten. Un día, la familia de John descubrió que había decidido dejar el Islam por Jesús, así que intentaron matarlo. John huyó de Somalia y, al llegar a un país vecino, me envió una imagen de una Biblia con las palabras: "¡Finalmente, puedo tenerla! No puedo dejar de leerlo. ¡He pasado horas leyendo la Biblia!". En una época en que la sombra de la muerte se cernía sobre John, las Escrituras daban vida y sustentaban. Esta fue la primera vez en años que John pudo poner libremente sus manos sobre una copia en papel de las Escrituras.

Tan disponible como la Biblia está para mí, tengo que preguntar: ¿Tengo tanta hambre por la Palabra de Dios como aquellos que la escuchan con oídos frescos o aquellos que están dispuestos a sufrir mucho por ella? A menudo temo que es demasiado fácil para mí dar por hecho la Palabra de Dios. Me imagino que lo mismo puede ser cierto para usted.

Para Vladik, las Escrituras eran "más deseables que el oro" (Salmo 19:10 NTV). Para Onwas, las Escrituras eran "más dulces que la miel" (Salmo 19:10 NTV). Para las tribus de una aldea remota, las Escrituras eran más permanentes y duraderas de lo que jamás serían sus chozas de barro (1 Pedro 1:24–25), más saciantes que cualquier alimento que pudiera proporcionar un día de cultivo (Salmo 81:10) , y da más poder para la obra de Dios que cualquier otra fuente de poder (2 Timoteo 3:16–17). Para el hombre debajo del árbol, las Escrituras revivían más su alma de lo que cualquier conversación o caminar en la selva podría proporcionar (Salmo

19:7). Para John, la Escritura era el sustento mismo de la vida (Mateo 3:3). ¿Qué es la Escritura para ti?

Para correr bien una carrera, un corredor necesita estar adecuadamente alimentado con la cantidad correcta de nutrición. La Palabra de Dios es alimento para nuestra alma. Debemos comerla y beberla con frecuencia para correr la carrera que Dios desea que corramos.

Un estudio reciente del Center for Bible Engagement [Centro para la Interacción con la Biblia, en inglés] encontró que aquellos que leen la Biblia cuatro o más veces a la semana (en comparación con aquellos que leen la Biblia menos de cuatro veces a la semana) han disminuido significativamente la soledad, han aumentado significativamente la victoria sobre las luchas contra el pecado (como ira, amargura en las relaciones, pornografía, embriaguez, sexo fuera del matrimonio, etc.), y aumentos significativos en compartir el Evangelio y discipular a otros. Si queremos vivir y prosperar como corredores de lodo, no debemos "«No solo de pan... sino de toda palabra que sale de la boca de Dios»." (Mateo 4:4). La Biblia no solo nos enseña cómo correr bien, sino que también nos señala a nuestro mismo compañero de carrera, Jesús (Juan 5:39–40).

El evangelista Adrian Despres dijo: "Dos cosas durarán para siempre: Las personas y la Palabra de Dios. ¡Invierte tu vida en esas dos cosas!" ¿Estás listo para invertir en la Palabra de Dios? Su Palabra perdurará. Su Palabra es dulce, vivificante y refrescante. Su palabra convence, equipa y da vida. ¿Qué esperas para invertir tiempo en ella?

¿Ahora qué?

- Ora en este momento y pídele a Dios: Aumenta mi hambre por tu Palabra, ¡Quiero más! Luego comprométete a pasar tiempo regularmente con Dios en Su Palabra. Mientras lees, considera seguir el método simple y nutritivo que se describe a continuación para profundizar en Su Palabra.
- Elige un libro de la Biblia para leer, un pasaje por día. Si no estás seguro por dónde comenzar, te recomiendo comenzar con Marcos, luego Hechos y luego Efesios. Mientras lee un pasaje de la Biblia cada día, interactua con ella de la siguiente manera: **Cabeza.** ¿Qué dice el pasaje? (¿Cuál es el mensaje principal? ¿Quiénes son los personajes? ¿Qué aprendo sobre ellos? ¿Cómo veo a Dios obrando? ¿Qué aprendo sobre Dios —el Padre, Jesús, el Espíritu Santo— o sobre las personas, Satanás o el mal? , etc.?) **Corazón.** ¿Cómo me impactó esta historia? ¿Qué me está hablando Dios? (¿Qué parte del pasaje me llama la atención? ¿Qué cambios necesito hacer en mis creencias, actitudes o acciones?) **Manos.** Esta misma semana, ¿cómo obedeceré prácticamente lo que Dios me ha mostrado? (¿Qué próximo paso daré?) **Pies.** ¿Con quién voy a compartir? (¿Hay alguien en mi vida a quien deba contarle lo que aprendí en este pasaje?)
- ¡Inténtalo ahora mismo!

VEINTICUATRO
PUENTES U OBSTÁCULOS

"¿POR QUÉ SIEMPRE LLEVAS TU ARMA?" preguntó nuestro amigo Pascali mientras señalaba mi Biblia. Pascali nos había invitado a la hora del té. Así que yo, junto con Nathan, Mary y un pastor traductor llamado Simón, nos metimos en la pequeña casa de Pascali junto con su esposa e hijos. Encontrar espacio para que todos nos sentáramos fue una tarea complicada.

"Tienes razón", dije con entusiasmo de una manera que podría llevar la conversación a lugares más profundos. "Es un arma espiritual. Lo llevo porque estamos enseñando a la gente el camino de Jesús, y todo viene de la Palabra de Dios para nosotros. Leo la Biblia porque me enseña más acerca de quién es Jesús, cambia mi vida y me da paz".

"Sabes, yo mismo no soy un hombre de Dios", confesó Pascali.

"¿Bueno, por qué no?" Yo respondí. "Somos amigos, así que puedes compartir con nosotros libremente. No te condenamos".

Pascali metió la mano en su bolsillo y lentamente sacó algo. "Es por esto", dijo, revelando una caja de cigarrillos.

Medio sorprendido, respondí: "Pascali, los cigarrillos no pueden impedir que tengas una relación con Jesús. Simplemente ven a Él y confía en Él. No puedes cambiar tu corazón por ti mismo. no puedes limpiarte primero para luego venir a Jesús. Tienes que venir a Jesús primero, y luego Él cambiará tu vida a medida que vengas.

Ahora bien, si Jesús te pide que dejes los cigarrillos una vez que comiences a seguirlo, entonces será mejor que lo hagas. Pero los cigarrillos nunca pueden impedir que vengas a Él".

Simón, que había estado traduciendo hasta ese momento, intervino abruptamente: "¡No dejaré que esas palabras salgan de mi boca! Este hombre ciertamente no puede venir a Jesús a menos que deje sus cigarrillos. ¡Ni siquiera puede tocarlos!"

Las palabras de Simón tocaron un nervio en mí. Yo estaba echando humo señalé con el dedo a Simon y le dije: "¡Puedes continuar y mantener la boca cerrada!"

Respiré hondo para calmarme, luego me volví hacia Mary y le pregunté: "¿Podrías traducir este mensaje a Pascali?"

Mary amablemente compartió. Pascali escuchó el mensaje pero todavía estaba clasificando las palabras contradictorias de Simón. Confundido, Pascali no estaba listo para seguir a Jesús. Mi corazón se hundió con tristeza, ira y frustración.

Mientras nos alejábamos de la casa de Pascali, mi mente daba vueltas: ¡Cómo se atreve alguien a poner límites a Jesús! Pascali está tan cerca de Jesús, pero piensa que debe hacer todas estas cosas antes de poder llegar a Jesús. ¡Que mentira! ¡Simón será responsable de esto!

Las palabras de Jesús a los fariseos conectaron conmigo como nunca antes:

"... atan cargas pesadas y difíciles de llevar, y las ponen
   sobre las espaldas de los hombres, pero ellos ni con un
   dedo quieren moverlas... ¡ay de vosotros, escribas y fariseos, hipócritas!, porque cerráis el reino de los cielos
   delante de los hombres, pues ni vosotros entráis, ni
   dejáis entrar a los que están entrando... ¡Ay de vosotros,
   escribas y fariseos, hipócritas!, porque recorréis el mar y

la tierra para hacer un prosélito, y cuando llega a serlo, lo hacéis hijo del infierno dos veces más que vosotros". (Mateo 23:4, 13–15)

"Cierras el reino de los cielos delante de los hombres". Esa es una declaración bastante intensa. Y en el momento, sentí la plenitud de ello. Simon había cerrado la puerta del reino en la cara de Pascali.

Jesús no solo estaba tratando de provocar o señalar con el dedo a los fariseos por el gusto de hacerlo. Estaba defendiendo a los oprimidos, gente como Pascali, gente que necesitaba esperanza desesperadamente. Los fariseos estaban construyendo barreras, no puentes. Estaban excluyendo a la gente del reino y colocando pesadas cargas espirituales sobre ellos. Jesús no lo toleraba. Quería más para la gente que obstáculos imposibles de superar y puertas impenetrables que tratar de derribar. Jesús vino a derribar estas barreras y convertirlas en puentes.

A pesar de lo frustrado que estaba con Simón, el Señor también me convenció. Me recordó que a menudo había sido yo quien construía barreras en lugar de puentes. No pude evitar pensar en todas las veces que ignoré y desprecié a los demás, discutí con la gente, menosprecié a los que no eran como yo, derribé a las personas que se oponían a mí y dejé que el orgullo de mi posición se impusiera a la humildad, todo mientras afirma ser un seguidor de Jesús.

Le he pedido al Señor que me perdone. Y por su gracia, Él lo ha hecho. ¡Alabado sea por la cruz! Mi corazón anhela ser cada vez más como Jesús, tendiendo puentes hacia los Pascalis del mundo. A menudo oro para que Jesús me use para construir más puentes que barreras a lo largo de mi vida.

¿Necesitas ir al Señor y confesar que has estado construyendo más barreras que puentes? ¿Cómo sería comenzar a construir puentes por causa de Jesús?

Tal vez te identifiques más con la historia de Pascali de las barreras construidas entre tú y Jesús. Tal vez la puerta al perdón y la gracia de Dios no se te ha abierto, sino que en realidad te han cerrado la puerta en la cara. Si esa es tu historia, lo siento mucho. La buena noticia es que todavía hay esperanza para ti, ya que Dios todavía está esperando con los brazos abiertos, la puerta abierta de par en par, para que recibas Su invitación de perdón y amor.

El día que nos alejamos de la casa de Pascali no fue el último en que le vimos. Regresamos un año después y continuamos nuestra conversación acerca de Jesús. Aún así, Pascali no estaba listo. Entre otras cosas, Jesús y el alcohol no se iban a combinar muy bien para Pascali. Compartió abiertamente que tenía un problema con la bebida. A menudo estaba borracho, se metía en peleas en la aldea y luchaba por mantener a su familia. Le aseguramos que oraríamos y que Jesús estaba allí para ayudar. Lo dejamos con nuestra más sincera oración y deseo: "¡Esperamos que llegues a conocer a Jesús para cuando te veamos de nuevo!".

Un año después, volvimos. Cuando conocimos a Pascali, estaba radiante de emoción. "¿Recuerdas lo que me dijiste hace un año?" preguntó. "¡Bueno, hace dos semanas volví a nacer! ¡Jesús me ha ayudado a dejar de beber y comenzar a mantener a mi familia!" La alegría irradiaba del rostro de Pascali. Finalmente, se había construido un puente a Pascali, y marcó toda la diferencia.

La esposa de Pascali reconoció la obra y la transformación de Dios en él. "Es verdad", afirmó. "Pascali es un hombre cambiado. Él ama más intencionalmente. Él provee para nuestra familia. Incluso está pasando tiempo con nuestros hijos. ¡Alabado sea el Señor!"

Deja de construir barreras. Conviértete en un constructor de puentes. ¡Vale la pena! Hay tantos Pascalis en el mundo que necesitan un puente hacia el mensaje y la persona de Jesús. Jesús es digno de nuestros esfuerzos de construcción de puentes. De hecho, Él cuenta con nosotros para que nos unamos a Su misión de buscar y salvar a los perdidos (Lucas 19:10).

¿Ahora qué?

- ¿Se han parecido más tus acciones a las de un constructor de puentes o de barreras? ¿Cómo es eso?
- ¿Necesitas confesar algún acto de construcción de barreras al Señor y pedir Su perdón? Hazlo ahora.
- ¿Qué pasos puedes tomar para convertirte en un constructor de puentes activo para el reino de Dios?

VEINTICINCO

CUANDO SE ACABA LA CUERDA

ESTÁBAMOS RODEADOS. Para cuando nos despertamos y salimos de nuestra tienda, decenas de personas (conocíamos a la mayoría, algunas no) llenaron nuestro campamento y nos estaban esperando. Se había corrido la voz por todo el pueblo de que Nathan y yo nos iríamos esa mañana. Acompañando la noticia había un plan para encontrarnos en nuestro campamento.

Se reunían por una razón: Regalo de despedida. No para nosotros, para ellos. Déjame explicar. Debido a las costumbres establecidas por antropólogos, lingüistas, investigadores de National Geographic, otros diversos investigadores culturales y científicos y turistas, losHadzabe había llegado a la conclusión que todos los "invitados" dieran buenos obsequios a los aldeanos al salir del pueblo. Ahora que nos íbamos, los aldeanos vinieron a recoger sus regalos. Y créame, cuando las tribus piensan que podría haber regalos involucrados, comienzan a salir de la nada. Tanto es así que comienzas a preguntarte, ¿de dónde vienen todos?

Allí estábamos, sin saber muy bien qué hacer. Todo el pueblo nos rodeaba, exigiendo regalos. El dinero y las misiones pueden ser complicados. Aprendimos de la manera más difícil en ocasiones anteriores que dar regalos de dinero, incluso a personas aparentemente confiables, a menudo conduce a que todo un pueblo se emborrache durante tantos días como el dinero lo permita. En ese entorno, es sorprendente cuánto puede extenderse un solo dólar.

Nos quedamos sin palabras. Realmente no teníamos mucho que ofrecerles. Las tribus se dieron cuenta de nuestra vacilación. Y cuando no les estábamos dando fácilmente lo que querían, la multitud comenzó a agitarse y murmurar.

Un hombre de atrás levantó la voz y exigió: "¡Danos veinte mil chelines por tu tiempo aquí!"

La cantidad no era irrazonable. Simplemente sabíamos que los resultados estarían lejos de ser deseables si cediéramos a su demanda.

Así que respondimos: "Hemos compartido con ustedes todo el tiempo. Les dimos Biblias en audio. Les ayudamos a entender la Palabra de Dios. Quiero decir, les trajimos la misma Palabra de Dios. ¿No es eso suficiente?

Aparentemente, ¡no fue suficiente! Y aparentemente, esta no fue la mejor declaración para hacer. Las sonrisas cayeron y la tensión aumentó. De repente, el aire se sintió denso. La gente estaba claramente disgustada. Algunos jóvenes comenzaron a irritar a la multitud contra nosotros. Resultó ser los mismos jóvenes que nos habían suplicado que les compráramos marihuana de una tribu vecina cuando salimos a cazar con ellos unos días antes. Tal vez esta era su oportunidad de sacarnos algo.

Los gritos continuaron. Las caras amables con las que habíamos compartido la vida durante tantos días desaparecieron. Mientras su ira aumentaba, mi miedo aumentaba.

Miré a nuestra amiga Mary en busca de ayuda. " Mary, ¿qué están diciendo?" pregunté con desesperación.

"Están diciendo que le dirán a todas las aldeas hHadzabe que ustedes son gente terrible", respondió ella, "que nadie debería confiar en ustedes, y que dispararán flechas a su automóvil y explotarán todos sus neumáticos".

Esto no fue bueno. Un solo momento estuvo a punto de robar la validez de todo nuestro ministerio entre el pueblo Hadzabe.

Después de tanta preparación y trabajo, no podíamos terminar así. Sentí que nuestra suerte se había acabado, como si todo pendiera de un frágil hilo listo para romperse. Tuvimos que suavizar la situación. Algo había que hacer. ¿Pero qué?

De repente, se me ocurrió una idea. Creo que el Espíritu Santo nos rescató brindándonos sabiduría que solo podía provenir de Dios. Dije, "Lo sentimos mucho. No queremos ofenderles. Así que les daremos los veinte mil chelines que ha pedido. . . en harina de maíz. Nos aseguraremos de darle veinte mil chelines en harina de maíz porque han dicho que están en gran necesidad; esto debería ayudarlos a alimentarse a sí mismos y a sus hijos pequeños".

La generación mayor estaba complacida. Los jóvenes fueron silenciados. El hambre de todos sería satisfecha. La gracia de Dios se abrió paso. Desde luego, no era la primera vez, ni la última.

Ya sea que haya estado al final de mis recursos o haya cometido errores y errores flagrantes, muchas veces he necesitado la gracia de Dios para abrirme paso. Como la vez que traté de compartir un mensaje de la Palabra de Dios con un pueblo de indígenas y luego les pedí que me dieran una respuesta en oración.

¡Y qué respuesta dieron! "Tenemos hambre. Queremos preparar comida para nosotros y los niños. ¿Has terminado? ¿Podemos ir ahora?"

Me sentí avergonzado y desanimado. Esa ciertamente no era la respuesta que buscaba ni esperaba. Estaba tratando de hacer que algo sucediera, y se hizo evidente que no estaba en el momento correcto ni de la manera correcta.

Luego estuvo la ocasión en que una mujer dejó a su bebé y se escapó. Esta mujer había comenzado a seguir a Jesús y parecía profundamente impactada por el Señor. Lo siguiente que sabemos es que dejó a su bebé en la puerta de Mary y desapareció entre los arbustos. ¡¿Qué haces con una situación así?! Yo no tenía ni idea. ¿Qué tipo de manual de campo misionero te entrena para situaciones como esa? Todo lo que podía hacer era pedirle a Dios que Su gracia irrumpiera otra vez.

Como corredores de lodo, a menudo encontraremos el final de

nuestras habilidades. Fácilmente podemos sentirnos agobiados y cargados por fallas que nos lastiman o por circunstancias que están mucho más allá de nuestra capacidad. Descubriremos que los obstáculos en la carrera están mucho más allá de nosotros. Descubriremos que realmente no tenemos lo que se necesita en nosotros mismos. Pero, ¿podría ser justo donde Dios nos quiere? ¿Será que Dios desea que enfrentemos situaciones en las que no solo hayamos llegado al final de nuestras fuerzas sino que la respuesta se haya ido hace mucho tiempo? Mira lo que el apóstol Pablo escribió cuando llegó al final de sus fuerzas: "... porque fuimos abrumados sobremanera, más allá de nuestras fuerzas, de modo que hasta perdimos la esperanza de salir con vida. De hecho, dentro de nosotros mismos ya teníamos la sentencia de muerte, a fin de que no confiáramos en nosotros mismos, sino en Dios que resucita a los muertos..." (2 Corintios 1:8–9).

Mirando hacia atrás, estoy realmente agradecido por los momentos en los que he llegado al final de ms fuerzas, me enfrenté a lo desconocido, experimenté el fracaso y clamé a Dios en absoluta desesperación. ¿Por qué? Es en esos lugares donde verdaderamente he experimentado la plenitud de la gracia de Dios. Al final de mis capacidades encontré el principio del favor, la provisión, el poder y el placer de Dios en mi vida, independientemente de lo que pueda o no pueda hacer.

Si bien Dios puede querer que lleguemos al final de nuestras fuerzas para darnos cuenta de nuestra absoluta necesidad de depender de Él, no creo que Él desee dejarnos en nuestra desesperación. Echa otro vistazo a lo que Pablo declara:

"... el cual nos libró de tan gran peligro de muerte y nos librará, y en quien hemos puesto nuestra esperanza de que Él aún nos ha de librar". (2 Corintios 1:10)

"... muy gustosamente me gloriaré más bien en mis debilidades, para que el poder de Cristo more en mí. Por eso me complazco en las debilidades, en insultos, en privaciones, en persecuciones y en angustias por amor a Cristo; porque cuando soy débil, entonces soy fuerte". (2 Corintios 12:9–10).

Si bien la poderosa gracia de Dios se encuentra con nosotros en nuestra desesperación, no nos deja en nuestra desesperación. Jesús quiere que nos demos cuenta de nuestra debilidad y de nuestra desesperada necesidad de Él para que dependamos de Él. Depender de Jesús nos da la oportunidad de ser testigos de Su increíble poder para liberarnos y hacernos avanzar con fuerza.

La verdadera gracia nunca causa pasividad sino poder y provisión para ejecutar Su voluntad. Mira cada vez que la gracia aparece en las Escrituras; la acción empoderada siempre viene a continuación. Nuestra debilidad se convierte en fortaleza cuando se encuentra con la gracia de Dios. Dios nos proporciona lo que se necesita para hacer lo que Él quiere. ¡Qué gracia asombrosa, fortalecedora y provisional!

Dicho esto, a menudo no descubrimos la gracia de Dios hasta que enfrentamos obstáculos insuperables. Eso es exactamente lo que experimentamos cuando la gracia de Dios irrumpió en ese momento en que estábamos rodeados de tribales que nos exigían dinero. Cuando las probabilidades parecían imposibles y la solución irresoluble, Dios proporcionó un camino a seguir.

Una vez escuché a un predicador ilustrarlo de esta manera: un hombre pequeño se estaba ahogando en el océano. Estaba absolutamente aterrorizado. Siete hombres fuertes corrieron a su rescate. Incluso entonces, tomó más de treinta minutos salvarlo. Si solo dos o tres hubieran venido a su rescate, este hombre pequeño los habría agarrado, tirado hacia abajo y ahogado junto con él. El hombre, desesperado, al darse cuenta de que no tenía poder y estaba en gran necesidad, poseía una fuerza inmensa. Debido a su debilidad, él era fuerte.

Así que adelante. La próxima vez que enfrentes una imposibilidad, busca la gracia de Dios. La próxima vez que te enfrentes a la desesperación, busca Su gracia. La próxima vez que falles, gracia. La próxima vez que toques el final de tus fuerzas, gracia.

A medida que nuestras fuerzas se agoten y seamos atrapados en Su gracia, encontraremos que Su misma fuerza nos impulsa hacia adelante. Y a medida que avanzamos por Su gracia fortalecedora, no podemos olvidar a aquellos que necesitan la misma gracia que hemos probado. No podemos olvidar a aquellos que se resbalan en el barro, se tropiezan y sienten que no están a la altura de las circunstancias. No podemos olvidarnos de aquellos que nos rodean y que están cayendo, aferrándose a algo seguro a lo que aferrarse, en absoluta desesperación. Si conocemos el poder de la gracia de Dios, debemos extender radicalmente esta gracia salvadora para que otros también puedan experimentar su poder.

Sentimientos siniestros llenaron mi corazón mientras caminaba por las calles de una ciudad en China. Un extraño se me acercó e intentó comunicarme algo en chino. No pasó mucho tiempo para descubrir que él no podía hablar una palabra de inglés y yo no podía hablar una palabra de chino. La brecha del idioma no lo detuvo. Siguió tratando de decirme algo mientras levantaba dos dedos en forma de cruz.

Estábamos parados cerca de un edificio con una cruz, y me hizo señas para que lo siguiera adentro, así que lo hice. Miré a mi alrededor y encontré a una chica que sabía inglés y chino, y le pregunté: "¿Puede decirme qué ha estado tratando de decir este hombre?"

Ella lo escuchó y luego tradujo para nosotros. "Él está preguntando, '¿Conoces a Jesús? ¿Necesitas una Biblia? ¿Necesitas comida? ¿Y necesitas dinero para un lugar donde quedarte?'".

Recuerdo haber pensado: ¡Debemos parecer que realmente necesitamos a Jesús en nuestras vidas y que nos vemos perdidos y no sabemos lo que estamos haciendo! (y seamos realistas: en realidad, la mayoría de esas cosas son ciertas de una forma u otra).

Para ser honesto, sus acciones cristianas me cimbraron. Este hombre chino había buscado extender radicalmente la gracia de Dios al compartir el mensaje más importante del mundo y al mismo tiempo asegurarse de que los perfectos extraños fueran bienvenidos y satisficieran todas sus necesidades.

Me reuní con mi nuevo amigo y hermano para comer en un comedor de beneficencia cercano. Con la ayuda de la traducción de la joven, le agradecí su amabilidad y le hice saber que tenía provisiones para todas mis necesidades. Me imagino que este hombre entendió lo que era ser arrojado a situaciones mucho más allá de su capacidad. Imagino que la desesperación de este hombre chocó con la gracia empoderadora de Dios. Me imagino que simplemente, con gratitud y amor, estaba haciendo todo lo que podía para devolverlo.

¿Y si hubiera más gente que viviera de esa manera? Sueño con un ejército de creyentes liberados de toda la culpa y la vergüenza de sus fracasos anteriores, creyentes que han sido atrapados por la gracia al final de sus fuerzas, creyentes que avanzan con una fuerza inimaginable. Sueño con un ejército de creyentes que vivan como conductos de la gracia de Dios en los espacios y lugares cotidianos. ¿Puedes soñar e imaginar conmigo? ¡Imagínese lo que podría suceder en un mundo lleno de amantes de Jesús llenos de gracia y que dan gracia!

Los corredores en lodo no solo necesitan la gracia de Dios, viven por la gracia de Dios. Es su fuerza misma.

¿Ahora qué?

- ¿Cuándo fue un momento en que se acabaron tus fuerzas, dejándote en total desesperación? ¿Qué pasó? ¿Te acercaste a Jesús o intentaste avanzar con tus propias fuerzas?
- ¿Ha notado alguna vez que en las Escrituras la obediencia y la victoria con poder siempre siguen a la gracia? Lee Efesios 2:8–10 y 1 Corintios 15:10. ¿Qué podría pasar en tu vida si recibieras la plenitud de la gracia de Dios?
- ¿Necesitas recibir la gracia de Dios o de alguna manera extender Su gracia de nuevas maneras? Como se veria eso?

VEINTISÉIS
REFUGIO RADICAL

EL AIRE FRESCO era refrescante cuando golpeó mi cara. Nathan y yo nos unimos a algunos Hadzabe locales para una cacería matutina y buscar miel. El sol aún no había salido y una sensación de calma llenó el día mientras esperábamos que comenzara la actividad y el movimiento. Miré a mi alrededor y vi a varios hombres hadzabe agarrando arcos y flechas, junto con sus hachas y cubos que usaban para recolectar miel. Cada hombre Hadzabe sostenía su arco y flechas en la mano izquierda, balanceaba su hacha sobre su hombro y ataba un pequeño cubo a su espalda usando una manta llamada Shuka.

El equipo estaba empacado, los hombres estaban listos, ¡y pronto estuvimos en camino! Mantenerse al día con los Hadzabe en una cacería es toda una tarea. Su ritmo de caminata es comparable a la velocidad de un atleta caminando por un aeropuerto con la esperanza de tomar un vuelo. Lo descubrimos rápido: si quieres seguir el ritmo, ¡más vale que te muevas rápido!

Subimos y bajamos varias colinas empinadas cubiertas de rocas, pasamos por ríos secos y evitamos estratégicamente los arbustos llenos de las espinas más grandes que había visto en mi vida. En la cima de una colina, uno de los cazadores Hadzabe,

Sigwazi, sacó un par de palos y un montón de hierba seca. Acomodó los palos entre sus manos, los frotó rápidamente y encendió un pequeño fuego.

Al agregar un par de ramas pequeñas a la pila, el fuego se formó y se mantuvo estable.

Después de unos minutos, Sigwazi sacó uno de los palos encendidos, apagó la llama que lo envolvía y lo llevó a un árbol cercano. Metió el palo humeante dentro del tocón del árbol y comenzó a ahumar la colmena del interior. Cuando el humo hubo hecho su trabajo, metió la mano dentro del árbol y sacó un panal de casi un pie de diámetro. ¡Éxito! Sigwazi evitó multitudes de abejas apagadas con el pequeño precio de unas pocas picaduras. Sosteniendo el panal entre sus manos como si fuera un sándwich, Sigwazi masticó su festín cosechado, con larvas y todo.

Queriendo que nos uniéramos a él en la celebración, Sigwazi rompió algunos pedazos del panal y nos los entregó. Tomé un bocado grande. El panal era increíblemente delicioso, lleno de rica miel con un agradable crujido. Disfruté cada bocado, es decir, hasta que mordí una celda llena de larvas. Si alguna vez has disfrutado de la deliciosa bondad de un dulce suave Fruit Gusher [marca de caramelos suaves], sabrás lo que voy a explicar. Las larvas explotaron y enviaron su "sabor" a toda velocidad a cada milímetro de mi boca: cada hendidura de los dientes, cada revestimiento de las encías, cada espacio dentro y alrededor de mi lengua. Era un sabor a leche agria como ningún otro que haya probado. ¡Es seguro decir que esa fue mi última larva del día!

En otro árbol, Sigwazi miró hacia arriba y me dijo: "¿Por qué no sacas este panal?"

"No estoy seguro", respondí vacilante. "¿Qué pasa con todas estas abejas? Nunca antes me había picado una abeja africana".

Sigwazi sonrió y me instó a intentarlo. "No te preocupes", dijo con confianza, "estas no son las abejas grandes que viste antes. Las abejas pequeñas viven en este árbol y no pican".

Respiré hondo, metí la mano en el árbol y saqué un trozo de panal. ¡Qué experiencia tan emocionante! Siguiendo la misma rutina de masticación de la primera ronda de miel (aparte de las mordidas de larva), todos disfrutamos de una segunda ración de miel. Y la miel de este panal era aún más dulce que la primera.

"¿Cuántos tipos diferentes de miel recolectas normalmente?" Pregunté, deseando probarlos todos.

"Hay alrededor de tres o cuatro tipos de diferentes abejas", respondió Sigwazi. "Ya hemos probado la miel de las abejas grandes y las abejas pequeñas en los árboles. También podemos probar la miel de flores".

Continuamos nuestro viaje y nos encontramos mirando hacia un imponente árbol baobab. ¡Era más ancho que la longitud de un automóvil! Cada vez que veo estos árboles, me pregunto: ¿Quién estaba aquí cuando este árbol comenzó a crecer? ¿Quién caminó por este suelo? ¡Algunos de estos árboles probablemente existían en los días de Jesús!

Uno de los hombres, Sipiti, cortó una rama de un arbusto cercano, la cortó en trozos de ocho pulgadas y comenzó a afilar las secciones en puntas. Con las púas afiladas y listas, Sipiti agarró su hacha, la giró hacia atrás y comenzó a martillar sin esfuerzo las púas en el centro del árbol baobab, una por una. Mientras colocaba cada punta, continuó ascendiendo por el árbol rápidamente, sin miedo y con precisión. Cerca de la copa del árbol, Sipiti paseaba sobre una de las ramas. Desafiando por completo la gravedad y el miedo a caer, se inclinó y agarró una fruta de baobab.

Sipiti pasó a la siguiente tarea. Volviendo al baúl, subió más alto. "¡Hay una buena cantidad de agua de lluvia aquí!" él declaró. Sipiti metió el cubo que llevaba en el maletero, lo llenó de agua y volvió rápidamente al suelo con la misma rapidez con la que había ascendido. Una vez más, me sorprendió cómo los Hadzabe usan todos los recursos disponibles para ellos. Los hombres se pasaron el cubo y bebieron de él. También sorbí un poco de agua a través de mi filtro LifeStraw [marca de filtro de agua portáti]. ¡Estos pocos tragos proporcionaron el sustento necesario para continuar la cacería que estaba lejos de terminar!

Con el ritmo típico de los Hadzabe, continuamos la caza,

nuestro enfoque ahora eran los animales. Cuando nuestro grupo de caza llegó a la cima de una colina, mi corazón latía con emoción mientras veíamos una manada entera de cebras corretear sobre la siguiente colina y descender a un valle. Subiendo la adrenalina, rápidamente los perseguimos. ¡Podríamos tener una festín esta noche! Pensé mientras reducíamos la distancia entre nosotros y nuestra potencial cena. Pero a medida que nos acercábamos a su ubicación, los hombres se detuvieron.

"¿Qué está pasando?" Yo pregunté. "¿Por qué no estamos siguiendo a las cebras?"

"No podemos ir allí", dijo uno de los hombres.

estaba desconcertado "¿Qué quieres decir con que no podemos ir allí?" Yo consulté.

"Ese lugar es Dundubi. No podemos ir allí.

Todavía confundido, pregunté: "¿Qué es Dundubi? ¿Qué hay de malo en ese lugar?

"Es un lugar peligroso", explicó. "Hay una roca especial allí. Y cuando la tocas, la roca hace ruidos como ting ting ting, tink tink tink, tong tong tong". Lo que describió me sonó como lo que produciría una marimba de metal.

Continuó: "Para ir allí, debes traer a un anciano de la aldea y tocar la roca en un orden particular. También es útil fumar marihuana una vez que llegues ahí. Entonces nuestros espíritus ancestrales aparecerán frente a ti. Cada persona debe acercarse a ellos y decirles: 'Solo estamos aquí para bendecirlos. ¿Puedo entrar?' y luego el espíritu decidirá quién puede entrar. Y si te dan permiso, puedes unirte a los que suben a la cima de la montaña rocosa para orar por lluvia, provisión y bendición".

"¿Qué pasa si alguien no hace esto?" Yo pregunté.

"¡Los espíritus estarán muy enojados!" respondió. "Una vez un hombre fue allí y no agradó a los espíritus. Lo despojaron de su ropa y salió corriendo asustado casi completamente desnudo. En otra ocasión, alguien se confundió y se perdió en el monte durante tres días. Hemos visto que estas cosas sucedan antes". Luego, como para resumir, dijo: "¡Es un lugar muy peligroso!".

Pensé por un momento y luego respondí. "La otra noche les hablamos de Jesús, y todos dijeron que querían seguirlo, ¿verdad?"

"Sí, lo hicimos", afirmaron varios de los hombres.

"Jesús tiene poder sobre todo, incluso sobre estos espíritus ancestrales", proclamé. "No tenemos que tener miedo. No debes orar a estos espíritus ni interactuar más con ellos. Puedes ir ahí y la única cosa que les digas es, ´ Vete en el nombre de Jesús´ "

"Intentemos ir mañana con Onwas, nuestro anciano de la aldea", respondieron.

"Está bien", afirmé. "Oremos hoy e iremos mañana".

Comenzamos nuestra caminata de varias horas de regreso al pueblo. Cuando llegamos, le contamos a Onwas sobre nuestro viaje y accedió a ir a Dundubi con nosotros a la mañana siguiente. Nathan y yo oramos y sentimos que Dios ciertamente quería que fuéramos a este lugar de oscuridad espiritual.

Esa noche, me acosté en la tienda con una anticipación apremiante pero con una gran incertidumbre de lo que podríamos encontrar en Dundubi. No tuve miedo, porque sabía que Jesús estaba con nosotros y nos daría cobijo. Me sentí confiado y expectante de que Su poder sería revelado.

A la mañana siguiente, nos despertamos antes del amanecer y comenzamos nuestro viaje de cinco horas hacia el monte. Una hora después de la caminata, comenzamos a ascender una colina rocosa. Onwas estaba resoplando y resoplando, claramente luchando por respirar. "Soy un anciano", dijo. "Todos ustedes continúan sin mí. No puedo hacer el viaje.

Aunque la mayoría de los Hadzabe no saben cuántos años tienen, sospeché que Onwas tendría setenta y tantos años. Onwas volvió hacia el pueblo y continuamos hacia Dundubi.

Finalmente llegamos a la misma cresta donde habíamos visto cebras el día anterior. La vista era increíble. Daba a un valle cubierto de árboles y arbustos espinosos que conducían a la montaña rocosa frente a nosotros. Dundubi comenzó en algún lugar en la base de esa montaña. Los jóvenes vacilaron y luego se detuvieron. Inmóvil, nadie dijo una palabra.

"No podemos ir", declararon.

"¿Qué quieres decir?" Yo pregunté. "Hemos recorrido todo este camino una vez más".

"Es demasiado peligroso", decretaron, golpeados por un miedo paralizante.

"Como les dijimos, Jesús realmente es más poderoso que estos espíritus", declaré. "Si de verdad quieres seguirlo, descubrirás que es verdad! Podemos ir allí y declarar el nombre de Jesús y nada malo sucederá. Él nos protegerá.

La ira se elevó en sus voces. "¡No! ¡Tú no entiendes! ¡No debemos ir a Dundubi! exigieron. "¡Tú no puedes entender estas cosas!"

Preguntas y pensamientos inundaron mi mente: ¿Qué debemos hacer? ¿Qué podíamos hacer? Una opción sería aventurarnos a Dundubi por nuestra cuenta. Pero esa podría no ser la mejor idea.

En medio del caos me volví al que hizo Dundubi y todo lo que lo rodeaba y le pregunté: "Dios, ¿qué quieres que hagamos?". Mientras estos pensamientos ardían en mi corazón, Dios respondió: "No te preocupes. Proporcionaré un Josué o un Caleb para que los lleve a la tierra".

Regresamos al campamento esa tarde sin llegar nunca a Dundubi. No sabíamos cómo ni cuándo llegaríamos allí, pero sabíamos que Dios abriría un camino si realmente quería que fuéramos.

Esa noche, cuando estábamos terminando nuestra cena cocinada al fuego, Sigwazi se acercó a Nathan ya mí y pidió hablar con nosotros en privado. Él dijo: "Yo te llevaré. Iremos a Dundubi mañana por la mañana.

Por tercer día consecutivo, nos despertamos antes del amanecer y comenzamos el extenso viaje hacia Dundubi. A medida que el fresco de la mañana se convertía en luz del día, el sol abrasador caía sobre nosotros. Las siguientes horas fueron agotadoras, pero llegamos a la base de Dundubi una vez más. Cada uno de nosotros oró de esta manera: "Dios, por favor protégenos y ármanos con toda tu armadura: el yelmo de la salvación, la coraza de la justicia, el cinturón de la verdad, el calzado del Evangelio de la paz, el escudo de la fe y la espada del Espíritu. ¡Haz lo que quieras en este lugar! (Efesios 6:10–20).

Después de orar, comenzamos nuestro ascenso, subiendo con cautela la roca de cara roja con una inclinación de casi cuarenta y cinco grados. Aproximadamente a la mitad de la montaña, llegamos a la roca especial ting, tink, tong que el grupo de cazadores nos había mencionado unos días antes.

"Increíble", dije, "¡esta roca no se parece a nada que haya visto!" La roca era del tamaño de un camión y se partió en dos. Por fuera era gris pero por dentro era roja. Algo había partido esta roca sólida por la mitad. Tal vez un rayo. O tal vez fue algún tipo de asteroide que se partió al aterrizar. Fuera lo que fuera, ¡parecía increíble! Pequeñas cavidades salpicaban la cara de la roca. Tomé una piedra pequeña y comencé a golpear levemente en esas cavidades. Efectivamente, la canción musical ting, tink, tong resonó en el valle. Recuerdos inundaron mi mente de cuando yo era un niño golpeando postes de metal en el recreo. El sonido era tan poco natural para una roca.

Continuamos orando mientras nos aventurábamos hacia arriba. Cuando llegamos a la cima, miré por el borde. ¡Qué vista tan impresionante! Este acantilado dominaba la totalidad de la selva salvaje y toda la región alrededor del lago Eyasi. En voz alta y con gran confianza, declaré: "En el nombre de Jesús, ordenamos a cualquier espíritu que huya de este lugar. ¡Vete ahora! Ve a donde Jesús te envíe. Reclamamos esta tierra para Jesús y la causa de su reino. Señor, ¿cambiarás este lugar y te apoderarás de los corazones del pueblo Hadzabe? De ahora en adelante, oramos para que este lugar sea marcado por Ti y ya no por la oscuridad. Esta montaña ha representado la oscuridad espiritual y la esclavitud que ha impedido que el pueblo Hadzabe reciba la luz del evangelio durante generaciones. ¡Señor Dios Todopoderoso, desde este día en adelante, que este lugar esté marcado por Tu luz, Tu libertad y Tu Reino!"

Sigwazi murmuró: "No entiendo por qué no ha pasado nada

malo todavía. Tenía miedo de subir. Esperaba que definitivamente algo malo pasaría y que los espíritus nos atacarían".

"Te dijimos, Sigwazi, Jesús es más poderoso. Él puede protegernos contra la oscuridad," le aseguré. "Debes regresar y contarle a todos en el pueblo lo que sucedió y lo que Jesús hizo aquí hoy".

Miramos a nuestro alrededor y reunimos tantas rocas grandes como pudimos encontrar. Los llevamos a un lugar visible en la pendiente de la montaña y juntamos las rocas en forma de cruz. Queríamos que cualquiera que viajara cerca de Dundubi viera y supiera que este lugar ahora estaba marcado por Jesús y Su poder sobre la oscuridad. Oramos y derramamos un poco de aceite sobre estas rocas. Las ungimos para el Señor, con la esperanza de que este se convertiría en un lugar conocido, sobre todo, por Su poder. Mis pensamientos se dirigieron a Génesis 35:14 cuando Jacob ungió una columna de roca después de una experiencia espiritual significativa con el Señor para recordar lo que Dios había hecho y apartar ese lugar para Dios por encima de todo. Queríamos hacer lo mismo en Dundubi.

Cuando regresamos al pueblo, compartimos lo que vivimos en Dundubi. Onwas y Mary habían estado sentados fuera de nuestras tiendas esperando nuestro regreso. Onwas declaró con confianza: "He estado orando por ti todo el día. ¡Sabía que volverías sin ningún problema!"

Los jóvenes del pueblo, sin embargo, expresaron un tono y espíritu diferente. "¡No!" ellos dijeron. "No es posible. No creemos que hayas ido a Dundubi. Todavía no entiendes. ¡No puedes hacer eso!"

Desafortunadamente, estos jóvenes no tenían oídos para escuchar lo que Dios estaba diciendo y haciendo. Continuaron viviendo sus vidas atenazados por el miedo, atrapados en la fortaleza de Satanás. Por otro lado, Onwas, Mary y Sigwazi vencieron el miedo. Descubrieron la sólida realidad de que Jesús tiene toda la autoridad. Y Su autoridad no se limita a esta "tierra" sino que se extiende a los lugares celestiales ya todos los reinos espirituales (Mateo 28:18).

No luchamos contra las personas que vienen contra nosotros;

más bien, luchamos "contra las huestes espirituales de maldad en las regiones celestes." (Efesios 6:12). Y en esos lugares celestiales, Jesús tiene toda autoridad. Es por eso que podemos experimentar el refugio radical. . . ¡Aquí allí y en todas partes!

Una vez, mi familia entró en un hotel que tenía una estatua budista en el vestíbulo principal. No es que un ídolo sea algo en sí mismo, pero sí sé que hay fuerzas espirituales detrás de ellos (Deuteronomio 32:16–17; 1 Corintios 10:19–20). El vestíbulo del hotel se cernía con una sensación de oscuridad, en el ámbito espiritual, los "lugares celestiales".

Entonces, cuando entré a nuestra habitación, oré sobre ella: "Señor, ¿nos protegerás aquí? Ordeno cualquier cosa que no sea de Dios que huya de este lugar en el nombre de Jesús. Señor, ¿enviarás a tus ángeles de la guarda para que se paren en la puerta para que nada que se oponga a Ti no pueda entrar? ¡Gracias Dios!"

Unos minutos más tarde, la señora que había estado a cargo del hotel vino por el pasillo empujando la cama adicional que habíamos solicitado. Esperaba que ella hiciera lo que un típico miembro del servicio de hotel suele hacer en situaciones similares: llevar la cama a la habitación y preguntar si se necesita algo más. Pero eso no es lo que sucedió. Tan pronto como la dama llegó a cinco pies de nuestra puerta, se detuvo en seco. Una mirada perturbada y temerosa cruzó su rostro. Luego dijo: "Aquí está la cama", mientras rápidamente daba media vuelta y se retiraba por el pasillo.

"¡Alabado seas, Señor!" Oré: "¡Realmente hablas en serio sobre protegernos aquí!"

Cuando nos relacionamos con lugares y personas que residen en el reino de las tinieblas, tenemos un refugio radical. Cuando el reino de las tinieblas envía mensajeros para atacarnos, tenemos refugio radical. Y cuando nos infiltramos en regiones aún gobernadas por el reino de las tinieblas y dominadas por Satanás durante generaciones, incluso allí tenemos un refugio radical.

¿Has experimentado el refugio radical de Dios en medio de la oscuridad? Estamos en guerra. Las flechas están volando. El peligro está cerca. El miedo podría estar aumentando. Pero te digo, ¡es hora! ¡Proclama el nombre de Jesús en voz alta! ¡Levantad el escudo de la fe! ¡Apaga las flechas de fuego del enemigo!

¿Ahora qué?

- Lea 1 Juan 5:19. ¿Cómo has visto el reino de las tinieblas obrando en nuestro mundo caído?
- ¿Cómo está la batalla espiritual librando una guerra contra ti personalmente?
- La próxima vez que las tinieblas vengan contra ti, ¿cómo vas a tomar el refugio radical que Jesús (el que tiene toda autoridad) te ofrece?

VEINTISIETE
GUERRA

"NO TENGO PAZ. Algo no está bien", compartió Mary.

Desde que Mary decidió seguir a Jesús, sabemos que ella es una mujer marcada por una paz duradera. Tiene una actitud tranquilizadora, una de amor, satisfacción, bondad. . . paz. Entonces sabíamos algo debe estar realmente mal cuando dijo: "No tengo paz".

"Está bien, Mary, debemos orar juntos y buscar a Jesús acerca de esto —dije. "¿Cuándo les gustaría orar juntos?"

"Veamos cómo va el día y oremos juntos esta noche", respondió.

"Bueno. Eso suena bien," estuve de acuerdo. "Mientras tanto, Nathan y yo estaremos orando por ti durante todo el día."

Terminamos de desayunar y comenzamos nuestro día. Nuestra siguiente tarea para el

día fue una sesión de capacitación con doce personas Hadzabe que habían llegado a conocer a Jesús. Nos reuníamos dos veces al día, una por la mañana y otra por la noche. Hicimos una pausa durante el día para que los que estaban siendo entrenados para ser "pescadores de hombres" también pudieran ser cazadores y recolectores de alimentos.

Unos minutos después de que terminara nuestra enseñanza

matutina, algunos de los aldeanos se pusieron de pie de un salto y señalaron hacia un lugar en la montaña detrás de nuestro campamento. A mitad de la pendiente había un grupo de unos cuarenta babuinos corriendo por el terreno montañoso. Estaban saltando y esquivando rocas mientras correteaban por el camino.

Le grité a Onwas: "¡Ning-ay-penda Nay-eh-nay sana!" (traducido, "Realmente quiero babuino"). "¡Tenemos que cazar algunos!"

Onwas se echó a reír, mientras sacudía la cabeza de un lado a otro. "Oh, Shakwa", dijo, "alguna vez te conseguiremos uno". Shakwa es el nombre Hadzabe que Onwas me dio durante mi segundo viaje a su gente. Significa " arbusto pequeño" (está bien, deja de reírte, ¡está bien! lo entiendo, no soy el tipo más alto del barrio). Los babuinos desaparecieron de nuestra vista casi tan rápido como entraron. Tendría que aceptar la promesa de Onwas de capturar un babuino "en algún momento" en otro día.

Después de nuestro entrenamiento vespertino, Nathan y yo nos encontramos con Mary alrededor de nuestra fogata justo afuera de nuestra tienda. "Todavía no tengo paz en mi corazón, y no sé por qué", dijo Mary.

"Está bien, hermana", la animamos. "Aunque no tenemos idea de por qué te falta la paz, Jesús lo sabe. Preguntemos a Jesús sobre tu falta de paz y veamos si te trae algo a la mente".

"Probemos eso", afirmó Mary.

Inclinando la cabeza, buscamos al Príncipe de la Paz. "Jesús, tú sabes que Mary no tiene paz hoy. No sabemos por qué. ¿Nos ayudarias? ¿Hablarás con nosotros? ¿Qué está causando esto?"

Nuestras palabras cesaron y nos sentamos en silencio durante unos minutos, esperando y escuchando que el Señor clarificara esta situación según lo considerara adecuado. De repente, Mary dijo: "¡Sé por qué! Esto me acaba de llegar: ¡es un ataque del demonio! El diablo no quiere que yo traduzca la Palabra de Dios, porque no quiere que esta gente sepa más acerca de quién es Jesús".

"¡Debemos reprenderlo ahora!" exclamé.

"¡Sí definitivamente!" Mary respondió.

"En el nombre de Jesús reprendemos el ataque del enemigo," dije

declarado en oración. "Cualquier espíritu que venga contra la obra de Dios aquí, le ordenamos que se vaya. ¡Vete en el nombre de Jesús! Y Señor, llenarías a Mary con tu Espíritu, empoderándola plenamente para todo lo que la has llamado? ¿La llenarías con Tu paz que es mucho más grande que cualquier entendimiento?"

Una sonrisa se amplió en el rostro de Mary, "¡Estoy completamente en paz otra vez!" ella proclamó.

"¡Alabado seas, Señor Jesús! ¡Tu eres muy bueno!" gritó Nathan.

¿Alguna vez has visto National Geographic o algún otro programa de aventuras en el que un león merodea en silencio por la hierba hacia una gacela comedora de hierba absolutamente distraída? Eventualmente, el león escondido se lanza al campo abierto, se abalanza sobre su presa, la despedaza y la devora. No hay más gacela.

Eso es exactamente lo que está sucediendo en el reino espiritual invisible en este momento. La Biblia nos dice que nuestro enemigo, el diablo, ronda como león rugiente buscando a quien devorar (1 Pedro 5:8). Quiere despedazarte como esa gacela. Estas no son solo palabras floridas o hipérboles. Esta no es simplemente una forma antigua y no científica de entender la realidad. La batalla espiritual es real. Y si no te has dado cuenta de eso, puede que estés dando vueltas como una gacela despistada.

Debes participar en la batalla espiritual para que podamos correr la carrera de manera efectiva y hacer avanzar el reino de Dios. "Porque nuestra lucha no es contra sangre y carne, sino contra... las huestes espirituales de maldad en las regiones celestes" (Efesios 6:12). Esto es exactamente lo que vino contra Mary. Las fuerzas espirituales del mal odian a los que se comprometen con la causa de Cristo e incluso les hacen la guerra (Apocalipsis 12:17). Entonces, si buscas obedecer a Jesús y hacer avanzar Su reino, tengo noticias para ti. ¡Satanás te odia y está librando una guerra activamente contra ti!

El reino espiritual continuamente me asombra y me sorprende.

Ciertamente no lo tengo todo resuelto. Es bastante misterioso. Y a veces, sigo pensando que todo es un poco loco. Pero lo que sí sé es que al comprometerme con la misión de Dios, he experimentado oposición espiritual. Si bien a menudo es difícil comprender la plenitud de la batalla espiritual que nos rodea y los ataques satánicos que podemos enfrentar como creyentes, he descubierto y llegado a saber con absoluta confianza que Jesús es todopoderoso.

Con demasiada frecuencia en nuestros días, ignoramos el reino espiritual y socavamos su realidad. Vivimos espiritualmente inconscientes, como gacelas distraídas, ajenos a lo que está sucediendo. Las Escrituras ofrecen un camino alternativo: ser sobrios y vigilantes (1 Pedro 5:8) usando eficazmente las armas que nos han sido dadas para vencer a nuestro enemigo.

Igualmente, debemos tener cuidado de no hacer oscilar el péndulo demasiado al enfatizar demasiado los ataques del enemigo, causando así un miedo innecesario e impío. Aunque probablemente me veía como una gacela espantadaa la vez que corrí de un león, no debemos huir con miedo cuando se trata de nuestro enemigo acechante, el diablo. Más bien, ¡podemos permanecer firmes gracias a Jesús! ¡Con Él somos victoriosos!

Entonces, ¿cómo nos involucramos en esta batalla? A lo largo de los Evangelios y el libro de los Hechos vemos el poder y la autoridad que viene con el nombre de Jesús. ¡Cuando el enemigo ataca, debemos proclamar el nombre de Jesús en voz alta! Mary luchó victoriosamente contra la oscuridad mientras declaraba con confianza el nombre de Jesús.

Si bien he visto momentos de victoria en la batalla, no soy una superestrella de la guerra espiritual. Todo lo contrario. Ha habido muchas ocasiones en las que me he sentido inadecuado para la tarea y sin idea de qué hacer. Una de esas ocasiones fue cuando estaba caminando por el bosque en medio de la noche.

Normalmente no le tengo miedo a la oscuridad, pero esta vez fue diferente. Estaba dirigiendo un evento de capacitación de discipulado con un grupo de jóvenes, y creo que el enemigo odiaba cuántos de ellos estaban siendo transformados por Jesús. Mientras caminaba por el bosque, me invadió el miedo de la cabeza a los pies. Fue uno de los miedos más profundos que recuerdo haber enfrentado. Mi cuerpo estaba temblando. A mi alrededor, el aire se sentía caótico. Era el tipo de miedo que puede paralizarte en seco.

En muchos sentidos, no tenía idea de qué hacer, cómo superar el miedo. Lo único que se me ocurrió fue lo que más necesitaba: ¡comenzar a alabar a Jesús! Así que comencé a alabarlo y cantar Su nombre en voz alta. Cualquiera que se siente cerca de mí en la iglesia puede decirte: ¡soy cualquier cosa menos un buen cantante! no me importaba Dios no estaba buscando mi voz; Quería mi corazón. ¡Así que canté y alabé en voz alta! Y mientras lo hacía, sucedió lo más increíble: la oscuridad espiritual que se cernía sobre mí desapareció. . . y me llené de paz.

¿Experimentas miedo demoníaco? ¡Alaba y proclama a Jesús en voz alta y con orgullo! ¡No seas tímido! Te garantizo que tu voz para cantar es mejor que la mía.

Hay poder en la alabanza. También hay un gran poder en la Palabra de Dios. Dios nos instruye a tomar la "espada del Espíritu, que es la palabra de Dios" (Efesios 6:17). Una vez, mi esposa se unió a mí para aventurarse en el monte. Una noche la golpeó repentinamente un dolor abdominal. El dolor se volvió tan extremo que no podía dormir. Todo lo que podía hacer era apretar el estómago y gemir.

Me acosté junto a ella en la tienda preguntándome qué podía hacer para ayudarla. ¡Quiero decir que estábamos en medio de la nada! Decidí orar en silencio: "Señor, ¿qué debo hacer?" Inmediatamente, Su Espíritu trajo a la mente estas palabras: "Lee la Biblia en voz alta". Así que abrí mi Biblia y comencé a leer en voz alta el libro de los Salmos. Seguí leyendo hasta bien entrada la noche, salmo tras salmo, hasta que mi esposa pudo conciliar el sueño.

A la mañana siguiente, compartió conmigo: "Cada vez que leías la Palabra de Dios en voz alta, mi dolor disminuía de lo que parecía un nivel 10 a un nivel 2".

Estaba impresionado. La Palabra de Dios proclamada por la dirección del Espíritu brilló la luz en las tinieblas, y las tinieblas huyeron. No puedo explicar completamente cómo o por qué funciona esto. Pero sé que Jesús mismo citó las Escrituras en voz alta para luchar contra Satanás (Lucas 4:1–13). ¡Hay poder en Su Palabra! ¡Es hora de que más de nosotros agarremos seriamente la espada del Espíritu y comencemos a patear traseros demoníacos!

No lo olvides, la batalla es real. ¡Hay un reino invisible que busca hacer la guerra contra aquellos de nosotros que estamos obedeciendo a Jesús y corriendo la carrera! No te sorprendas por la batalla espiritual que te rodea. Cuando vengan los problemas, pídele a Dios que te dé ojos para ver, manténte firme y, con la espada del Espíritu en la mano, haz la guerra.

Finalmente, está alerta pero no tengas miedo. Sométete a Dios, resiste al diablo, y huirá de ti (Santiago 4:7). No es demasiado complicado: ¡proclama Su nombre en voz alta, alábalo y esgrime Su Palabra! ¡Dios estará contigo!

¿Ahora qué?

- ¿Puedes pensar en un momento en el que participaste en la batalla espiritual diciendo el nombre de Jesús en voz alta, alabando a Dios o citando las Escrituras en voz alta?
- Lee Efesios 4:26–27. ¿Hay alguna forma en que hayas dejado de resistir y, por lo tanto, hayas comenzado a permitir que el enemigo gane fortalezas en tu vida? ¿De qué manera? Arrepiéntete de ellas en oración: entrégaselos a Jesús pidiéndole perdón y poder para caminar en la victoria de su resurrección en estas áreas de su vida.
- Jesús citó las Escrituras memorizadas para pelear con éxito la batalla espiritual. Es hora de memorizar Su Palabra. ¿Qué pasajes de las Escrituras puedes comenzar a memorizar ahora mismo?

VEINTIOCHO

RESISTENCIA

"DIOS, ¿realmente quieres que vaya aquí? Si lo haces, ¡¿por qué la puerta para ir parece estar cerrada?!"

Había solicitado una visa para algún lugar del sur de Asia. Me rechazaron. No tenía idea de por qué; la carta de rechazo no lo explicaba. No tenía idea de qué hacer, así que continué orando. Me pregunté si simplemente necesitaba tirar a la basura toda la idea del viaje. ¿Había realmente alguna otra opción?

Esa noche, abrí mi Biblia y quedé asombrado por lo que leí: "queríamos ir a vosotros (al menos yo, Pablo, más de una vez) pero Satanás nos lo ha impedido" (1 Tesalonicenses 2:18). La experiencia de Pablo era mi realidad, pero no me había dado cuenta. En ese momento todavía no había considerado que Satanás podría impedirme ir.

No puedo decirle cuántas veces he escuchado a personas proclamar con la confianza de Dios: "Bueno, el Señor debe estar cerrando la puerta a ese país. Probablemente sea mejor que te quedes en casa de todos modos". Pero seamos honestos. No importa qué tan bien intencionado sea, lo que esa declaración realmente transmite es: "Dios no quiere que vayamos a hacer discípulos en ese lugar. Deberíamos ir a un lugar más seguro y más fácil de todos modos". ¡Qué montón de mentiras! ¡Por supuesto que Dios quiere que vayamos a todas las naciones, sin importar el costo!

Cuando abrí mi Biblia en 1 Tesalonicenses 2:18, la verdad había sido revelada: ¡una aparentemente "puerta cerrada" puede no ser la dirección de Dios sino la resistencia de Satanás! Me acosté en la cama orando y reflexionando: ¿Qué pasa si Dios realmente me está guiando a ir pero Satanás me lo impide? ¿Cómo podría resolver esto?

Me desperté a la mañana siguiente ansioso por volver a leer el pasaje de las Escrituras que había leído la noche anterior. Curiosamente, no podía recordar dónde se encuentra el pasaje. Así que abrí el navegador web de mi computadora y busqué "Satanás nos obstaculizó". Uno de los primeros enlaces en mi pantalla fue un sermón titulado "Obstáculos satánicos" de Charles Spurgeon. Decidí leerlo y ver lo que Dios podría querer enseñarme a través de este renombrado predicador.

En su sermón, Spurgeon discutió varias formas en que Satanás podría haber impedido que Pablo y su equipo fueran a Tesalónica. Sea lo que sea, se debe entender una realidad espiritual crítica: Satanás "temía que los Firebrands [teas de fuego en inglés] de la verdad del Evangelio fueran arrojadas nuevamente entre las masas, y se produjera un [incendio forestal] de gracia". Esa fue mi respuesta! ¡Dios seguramente debe estar llamándome para ir!

En ese momento, yo estaba estudiando en un aprendizaje post-universitario para la predicación y el ministerio itinerante. El nombre del programa de formación: Forge Firebrand. Puedes imaginar lo que brotó dentro de mí mientras leía estas palabras de Spurgeon. Para mí solo había una conclusión: ¡Dios debe estar llamándome a ir! Apenas había escuchado por primera vez la palabra "firebrand" fuera de mi programa de entrenamiento. Esta santa "coincidencia" no fue un accidente ni una casualidad, ¡especialmente en el contexto de la proclamación del evangelio!

Mientras mi esposa y yo continuábamos orando, ambos estábamos convencidos de que debía hacer este viaje. ¿Pero cómo?

No puedo revelar mi secreto por completo (pondría en peligro futuros viajes como este), pero puedo decirles esto: con un poco de perseverancia hice una investigación guiada por Dios que resultó en que Dios me abrió el camino para solicitar otra visa. Y debido a que Dios estaba en ello, ¡funcionó! Visa concedida, pronto estaría de camino al sur de Asia.

No puedo dejar de preguntar, ¿con qué frecuencia nuestra cultura informa a nuestro teología y no al revés? Si bien la causa del reino exige perseverancia y sufrimiento, vivimos en una cultura de comida rápida en Estados Unidos. No solo nos gusta especialmente nuestra comida rápida, sino que nos gusta Internet a la velocidad del rayo, autos rápidos, tiempos de espera cortos, respuestas inmediatas y resultados exactos para cualquier cosa que deseemos. Ahora, debo confesar, me encanta la comida rápida (particularmente Chick-Fil-A o Chipotle, para aquellos de ustedes familiarizados con esos restaurantes). A menudo estoy ocupado corriendo de un lado a otro, haciendo esto, aquello y lo otro, por lo que no tengo la paciencia para pasar el tiempo cocinando. ¡Alabado sea Dios por una esposa llena de gracia que me equilibra!

¿Qué sucede cuando esta mentalidad de comida rápida se infiltra en nuestro método de misión? Me pregunto con qué frecuencia nos damos por vencidos en una dirección dada por Dios porque no viene lo suficientemente rápido o fácil. Sin resultados inmediatos comenzamos a ver la resistencia como una "puerta cerrada" completamente de parte de Dios.

A menudo escucho a la gente usar el lenguaje de puertas "abiertas" y "cerradas" para discernir la voluntad de Dios. Por ejemplo, "Esta puerta [es decir, la oportunidad] se ha cerrado, así que Dios no debe querer que vaya allí o haga eso" o "Estoy esperando una puerta abierta" o "Esta puerta se ha abierto, así que debe ser la dirección de Dios para mi vida". Pero no estoy convencido de que esta sea la mejor manera de discernir la dirección de Dios.

¿Qué pasaría si hubiera múltiples "puertas abiertas" para elegir? Entonces, ¿qué decidimos? Quiero decir, no todos pueden ser de Dios. ¿O qué pasa si no hay aparentes "puertas abiertas"? Entonces, ¿qué hacemos? Debe haber una mejor manera de decidir que esta.

¿Qué pasa si Satanás es el que a veces causa "puertas cerradas", pero Dios quiere que vayamos y derribemos esas puertas de todos modos? A menudo me pregunto si usamos el lenguaje de una "puerta cerrada" como excusa para retroceder ante las dificultades. Si dejamos que las puertas "abiertas" y "cerradas" nos guíen, es posible que nos estemos perdiendo la plenitud de lo que Dios tiene para nosotros, y es posible que nunca alcancemos a los perdidos del mundo.

Con frecuencia he lidiado con la resistencia que he visto en todo el mundo. Mientras intentaba llegar a grupos de personas no alcanzadas, me encontré con deslizamientos de tierra que bloqueaban el único camino de entrada o salida, escoltas policiales requeridas, rumores de ataques rebeldes, líderes gubernamentales trabajando para cerrar nuestras actividades, enfermedades debilitantes, ataques espirituales desalentadores y divisivos, miedo al peligro, miedo a lo desconocido, noticias de problemas en casa, averías de vehículos, oposición a la misión que se avecina. de las mismas personas que esperaría que apoyaran la misión, sin mencionar otras incontables resistencias. A menudo he sentido la realidad de las palabras "Satanás nos estorbó". Pero esto no debería ser una sorpresa. Esto debería convertirse en nuestra expectativa.

Satanás ha mantenido en cautiverio a individuos y grupos enteros de personas generación tras generación. Por supuesto que habrá resistencia. Ha cegado el entendimiento de todos los incrédulos para que no vean la luz del Evangelio (2 Corintios 4:4). ¿De verdad crees que a Satanás le parece bien que entremos y agitemos su avispero demoníaco? ¿Crees que disfruta de que atravesemos su oscuridad con luz? ¡Por supuesto que no! Satanás quiere sellar tantas puertas como pueda.

Si bien esto es cierto, la realidad espiritual se minimiza con demasiada frecuencia con afirmaciones como "Claro, Satanás es 'real', pero no le demos demasiado poder o reconocimiento al hablar demasiado sobre él. No hace nada demasiado significativo en el mundo de todos modos, ya que Dios es más poderoso". Tengo dos cosas que decir al respecto. Primero, no estoy seguro de cómo

nuestra conversación sobre la guerra espiritual va a facultar mágicamente a Satanás. Él ya está saqueando este mundo (Efesios 2:1–2;
Apocalipsis 2:13). Segundo, ve a proclamar a Jesús entre los no
alcanzados y verás qué sucede. Te reto. Si bien es posible que no
viajes al otro lado del mundo, es probable que puedas encontrar a
alguien no alcanzado, de un grupo étnico con pocos o ningún
creyente, viviendo como refugiado en tu ciudad o en una ciudad
cercana. Me imagino que descubrirás que las fortalezas del
enemigo en el mundo están lejos de ser insignificantes. Muchos de
nosotros necesitamos releer seriamente nuestras Biblias.

Si Dios te llama a ir y comprometerte con una región no alcan-
zada del mundo con absolutamente cero creyentes, será difícil. No
recibirá una llamada telefónica ni una invitación de ellos que diga:
"¡Por favor, únase a nosotros! Nos aseguraremos de abrirle la
puerta. En un perdido mundo moribundo y oscuro, la misión de
Jesús no vendrá a nosotros como un servidor de comida rápida
Chick-Fil-A que trae un sándwich de pollo a nuestra mesa con un
"¿Quieres salsas con eso? . . . es un placer atenderte."

Ya sea que estés llegando a un grupo de personas no alcanzadas
al otro lado del mundo o a su vecino que todavía está perdido en su
pecado, no esperes que sea tan fácil como un simple paseo por el
parque. Cuando Dios dice: "Ve", y comienzas a correr en la dirección que Él te indique, el enemigo comenzará a lanzarte lodo
demoníaco. Aún más, Satanás diluirá tu camino fangoso y estable-
cerá todo tipo de obstáculos para que disminuyas la velocidad, te
deslices y te escabullas de regreso a casa.

Simple y llanamente: Te enfrentarás a la resistencia. Puede que
no sea divertido escucharlo, pero Dios tiene un propósito cuando
encontramos resistencia: Nos hace más fuertes. Los verdaderos
corredores de lodo conocen el valor del entrenamiento de resistencia. Nuestros músculos físicos necesitan resistencia para ganar
fuerza. Sin dolor no hay ganancia. ¿Por qué deberíamos esperar
que nuestra vida espiritual funcione de manera diferente? Nuestros
músculos espirituales también requieren resistencia para crecer. La
resistencia crea oportunidades para nuestro propio bien, y Dios nos

permite encontrarlas en el camino para que crezcamos en madurez y fortaleza en nuestra fe. La resistencia trae la plenitud de Dios a nuestras vidas (Santiago 1:2–4).

¡Necesitamos que el Espíritu de Dios nos dé una nueva dosis de perseverancia y longanimidad una vez más! Pidámosle eso. ¡Corramos esta carrera con perseverancia por el gran poder de Dios! ¡Corramos duro por Su reino, sin importar cuántas "puertas cerradas" enfrentemos! Es hora de aceptar lo desagradable de la resistencia con pura alegría y derribar algunas puertas en el nombre de Jesús (¡espiritualmente hablando, por supuesto!).

¿Ahora qué?

- ¿Has considerado alguna vez que Satanás podría potencialmente causar una "puerta cerrada"? ¿Qué opinas sobre esta realidad?
- Cuando la resistencia espiritual o la dificultad se cruzan en tu camino, ¿las aceptas o huyes de ellas? ¿Cómo es eso?
- Por el bien de tu crecimiento espiritual y el avance del reino de Dios, ¿cómo enfrentarás prácticamente las pruebas y la resistencia en el futuro?

VEINTINUEVE

HUMILDES EXALTADOS

MARY ESTÁ LLENA DE VIDA. La poderosa transformación de Dios en y a través de ella es evidente para cualquier persona con la que se encuentra a diario. Pero ese no fue siempre el caso. De hecho, Mary te diría que su vida era más fangosa que maravillosa hace no muchos años.

Mary comenzó a compartir sobre su vida "en ese entonces". Ella había estado en el mercado y comenzó su camino a casa. Era una tarde africana ordinaria, incluido el intenso calor que irradiaba el sol. Sin embargo, los eventos que iban a suceder a continuación eran todo menos ordinarios. Y pondrían patas arriba el mundo de su familia.

Cuando Mary llegó a casa, la puerta principal estaba cerrada. Dejó las compras que llevaba y caminó hasta el costado de su choza de adobe. Mirando dentro de la ventana, jadeó. Todo se había ido. No la habían robado. No había habido ningún ladrón. No, fue peor. El esposo de Mary vendió todo lo que tenía, incluida la casa, y desapareció para no volver nunca más. Mary estaba devastada. Se quedó sin absolutamente nada.

Esa noche, Mary y sus dos hijos pequeños durmieron afuera en la tierra. Compartieron la cubierta de una fina manta que de alguna manera escapó de la traición de su marido. A medida que la noche se hacía más fría, Mary y los niños se acostaron juntos para maximizar el calor de su cuerpo y sofocar sus escalofríos.

Día tras día, Mary quedó desamparada y sin esperanza. Las mismas personas que Mary alguna vez consideró amigos le dieron la espalda. De hecho, le escupieron en la cara y se burlaron de ella. "Mira a esta mujer", se burlaron. "¡Ella no es nada ahora!"

Eventualmente, Mary recurrió al alcohol para aliviar su dolor y llenar el vacío que le dejó la partida de su esposo. Empezó a visitar el bar del pueblo. Con su dolor ahogado temporalmente por el día, Mary saldría del bar y deambularía sin rumbo fijo por la ciudad. Su rutina repetida le valió el título de borracha del pueblo. Mary nunca hubiera predicho que una tarde soleada de camino a casa desde el mercado terminaría "aquí". La gente rara vez lo hace.

Mary sabía que todavía faltaba algo en su vida. La vida que buscaba parecía esquiva. Independientemente de lo que intentara, nada le brindaba la esperanza que deseaba desesperadamente, y el alcohol solo complicaba su búsqueda.

Pero todo eso cambió cuando Mary se unió a nosotros alrededor de una fogata una noche y decidió seguir a Jesús. La extrema dificultad y la absoluta desesperanza que enfrentó Mary hizo que las primeras palabras del Espíritu Santo para ella fueran aún más profundas: "No tengas miedo de la dificultad. Estaré contigo." Inmediatamente supe que estas eran las palabras de Dios para Mary, ¡las mismas palabras que Dios habló a menudo a su pueblo a lo largo de las Escrituras!

Las palabras de Dios entraron en el corazón de Mary y la encontraron en su mayor necesidad. Mary entendió el mensaje de Dios para ella: "Cuando los demás te rechacen, Mary, yo estaré contigo. Cuando las dificultades te miren a la cara, Mary, yo te apoyaré".

Esa noche, alrededor de la fogata, Mary enfocó sus ojos en Jesús y nunca miró hacia atrás. Empezó a experimentar la paz que ofrece Jesús, la paz que sobrepasa nuestro entendimiento. Y mientras continuaba permaneciendo en Cristo y sentada en los lugares celestiales con Él, Mary lanzó un ministerio asombroso para su pueblo. Comenzó a proclamar regularmente las buenas nuevas de Jesucristo a los perdidos en varios pueblos e inició (junto con otros) una reunión local, una iglesia en casa. Mary se convirtió en corredora de barro.

Hoy, Mary continúa poniendo el amor en acción, ya que las tribus Hadzabe vienen de todas partes del monte y se quedan en su casa. Si están de paso hacia otro pueblo, su casa es el punto de escala. De hecho, de diez a quince personas podrían quedarse en su casa en un momento dado. Dios le ha dado a Mary un amor sin límites.

Sorprendentemente, las personas que una vez se burlaron de Mary son las mismas que ahora acuden a ella en busca de comida, para su supervivencia. "Mary, por favor aliméntanos. Nos estamos muriendo de hambre".

Y mientras estos burlones anteriormente orgullosos han venido a llenar sus estómagos, han comenzado a descubrir sustento para sus almas. Mary no solo alberga y alimenta a cualquiera que lo necesite, sino que también comparte el pan que verdaderamente dura: el pan de vida. Todos en la región saben quién es Mary. Como Mary siguió fielmente a Jesús y usó su influencia para ayudar a otros mientras glorificaba a Dios, no es exagerado decir que Mary se ha hecho famosa entre su pueblo. Incluso se ha convertido en una líder buscada, dando consejos a toda su tribu, así como a otras tribus que buscan interactuar con los hadzabe.

La vida de Mary me recuerda a José en las Escrituras. José fue ridiculizado, arrojado a un pozo y vendido como esclavo por sus propios hermanos. Sin embargo, después de sus humildes comienzos y un viaje lleno de dificultades y sufrimiento, la fama de José se extendió a medida que crecía su influencia. Los mismos hermanos que una vez se burlaron de José se inclinaron ante él y buscaron su ayuda para sobrevivir (Génesis 37–42).

Así como Dios sacó a José de un pozo y lo llevó a un lugar de influencia, Dios tomó a Mary, una mujer sin hogar, borracha, rechazada y con el corazón roto, la ayudó a levantarse del lodo, le dio un lugar para pararse y le proporcionó un propósito y una dirección. De charco de lodo a corredor de lodo, Mary se ha convertido en una mujer respetada e influyente entre su gente.

¿Será que Dios quiere hacer lo mismo por ti? Dios está en el negocio de levantar a los humildes mientras simultáneamente lucha contra los soberbios (Proverbios 29:23; Mateo 23:12; Lucas 1:52; Lucas 14:10; Santiago 4:6, 10).

Mary conoce y abraza el poder de la humildad. Nunca ha sido demasiado alta y poderosa para arrodillarse, arremangarse y enfrentarse a los charcos de lodo de la necesidad humana.

Un día, mientras estábamos sentados en nuestro campamento en la selva, Mary reflexionó sobre su vida y todo lo que Dios había hecho: "Sabes, eres como Juan el Bautista en mi vida. Fuiste la llave que Dios usó para abrir mi vida a Jesús. Ahora todo es diferente".

Mary fue amable al hacer esa comparación. Oro para que Dios continúe usándonos de esa manera por el bien y la gloria de Su reino. Cuando Mary nos señaló a Juan, un profeta salvaje de ojos ardientes, mi mente se sintió atraída por su audaz proclamación: "Es necesario que Él crezca, y que yo disminuya". (Juan 3:30). Esencialmente, Juan estaba proclamando: "¡Jesús debe ser grande, no yo!" Me encanta cómo lo expresa la película *Free Burma Rangers* de David Eubank: "Sé audaz en las cosas de Jesús, pero sé humilde en las cosas de ti mismo".1

¿Qué pasaría si vivieras una vida de humildad? ¿Qué pasaría si tu vida estuviera marcada por una expresión continua de "Jesús debe ser más grande, yo debo ser menos"? Me imagino que verías a Dios obrando de maneras nuevas y frescas. Me imagino que habría una oportunidad increíble para el impacto del reino. Visualizo el legado de tu vida "preparando el camino del Señor" para muchos. Eso es lo que hizo Juan el Bautista en su día. No se trataba de él. Se trataba de la venida de Jesús y la transformación de corazones y vidas. Dios puede usarte para hacer lo mismo.

Solo después de que Jesús se humilló a sí mismo hasta la muerte en una cruz, resucitó y fue exaltado al lugar más alto. Nosotros también debemos humillarnos. La promesa de Dios es clara:

los humildes serán exaltados. Igualmente viene Su advertencia: los exaltados serán humillados.

Entonces, ¿buscarás servir o ser servido? ¿Te arremangarás la ropa para enfrentar los sucios charcos de lodo de la necesidad humana, o permanecerás enfocado principalmente en tus necesidades, deseos y planes?

¿Ahora qué?

- Lee Filipenses 2:3–9. ¿Tu vida está más marcada por la humildad (considerando a los demás como más importantes que tú mismo) o por el orgullo (buscando ante todo tus propios intereses)? ¿Cómo es eso?
- ¿Cómo puedes hacerte menos y Jesús hacerse más grande en tu vida?
- ¿Cómo sería para ti elegir ser humilde esta semana?

TREINTA
SUJECIÓN RADICAL

"¿ES esto realmente lo más inteligente que se puede hacer?"

"Sabes que esta es una decisión enorme. ¿Puedes realmente decidir esto rápidamente?"

"Tal vez deberías esperar hasta después de la escuela militar antes de decidir ir en esta nueva dirección".

Era hora. Había llegado a una bifurcación en el camino. Enfrentaba una decisión que cambiaría radicalmente mi vida.. Hubo muchas voces y opiniones, pero la decisión final fue solo mía. Esta única decisión alteraría toda la dirección del resto de mi vida.

Es una locura pensar que el impacto de un solo momento puede ser de tan largo alcance que uno de nuestros minutos finitos en el tiempo realmente puede importar tanto. No siempre esperamos esos momentos, ni sabemos su significado en ese momento. ¡Para mí, un momento, un mensaje, a través de un hombre, lo cambió todo!

La mayoría de nosotros tenemos metas y sueños en la vida. Deseaba asistir a la Academia de la Fuerza Aérea de los Estados Unidos en West Point y convertirme en piloto de combate u oficial de las Fuerzas Especiales. Desde el séptimo grado hasta mi último año de secundaria, trabajé duro para alcanzar mi meta y lograr mi sueño. Todo lo que hice apuntaba hacia esta visión. Tomé clases avanzadas, serví como capitán de un equipo de lucha libre, corrí a campo traviesa, fui sargento de Police Explorers, comencé una empresa de jardinería de verano, me uní al equipo de liderazgo de adoración para nuestro ministerio juvenil, participé en grupos de jóvenes todas las semanas y me ofrecí como líder juvenil para estudiantes de secundaria. ¡Y esa lista contiene solo los aspectos más destacados! ¡Digamos que mis ojos estaban puestos en una carrera militar exitosa y que iba a hacer todo lo necesario para llegar allí!

Estaba tan concentrado en mi sueño que mis padres querían asegurarse de que estaba viendo todos los lados y ángulos de mi vida. Me amaban y no querían que me sorprendiera. Y si bien me apoyaron mucho (y se sintieron extremadamente orgullosos) de mi decisión de servir a nuestro país de esa manera, querían lo mejor de Dios para mí sobre todo, ya sea que eso significara el ejército u otra vocación.

Recuerdo que mi mamá de vez en cuando me consultaba sobre mi sueño. Quería asegurarse de que esta fuera la dirección correcta para mi vida. Alrededor de la tercera o cuarta vez me preguntó: "¿Estás seguro de que quieres dedicar toda tu carrera a las fuerzas armadas?" mi yo de diecisiete años estaba seguro de que era la cuadragésima vez.

Enfadado, respondí con arrogancia: "¡Sí! Eso es lo que voy a hacer. Me uniré al ejército y haré una carrera a partir de ello. ¡Así que deja de preguntarme!"

Yo era inamovible. Nada ni nadie podía detenerme. El vicepresidente de los Estados Unidos y un senador estatal me nominaron tanto para la Academia de la Fuerza Aérea como para West Point. Los militares me ofrecieron becas completas de la Fuerza Aérea y del Ejército para las escuelas de ingeniería. Había abrazado un futuro militar.

De hecho, había hecho oficialmente el juramento de defender la Constitución y simplemente estaba esperando con gran anticipación que comenzara mi educación militar. ¡Mi carrera militar estaba tan cerca del momento del lanzamiento y mi sueño estaba en mis manos!

Antes de partir para el entrenamiento militar, el pastor de jóvenes de mi iglesia me llamó. "Oye, Charlie, ¿estás interesado en unirte a mí para un campamento de verano de cinco días? Me encantaría que vinieras conmigo y me ayudaras a ver si el campamento podría ser una buena opción para nuestro grupo de jóvenes".

"¡Seguro!" Le dije. "Me encantaría ir. Me tomaré una semana fuera mi trabajo de jardinería e iré contigo. La idea de una última emoción en un campamento en las Montañas Rocosas durante una semana sonaba bastante bien antes de soportar las altas exigencias de la vida militar. ¡Poco sabía que Dios tenía algunas sorpresas bajo la manga!

Entré al campamento pensando, sé lo que necesito saber y tengo un conocimiento sólido de la mayoría de las cosas. Y, de hecho, conocía mi Biblia a diestra y siniestra. Pero de lo que no me di cuenta es que mi vida se parecía más a la de los fariseos que a la de Jesús. Esa semana, la predicación golpeó mi corazón como nunca antes había experimentado. Por alguna razón, esta vez fue diferente.

Me senté en el borde de mi asiento, cautivado por un mensaje sobre la proclamación del Evangelio en lugares oscuros, peligrosos y despreciados de todo el mundo. El predicador habló sobre los movimientos de hacer discípulos entre los no alcanzados y cómo todo comenzó para él cuando escuchó siguió el impulso de Dios, diciendo sí a Jesús, sin importar la gente, el lugar o el costo. Me enganchó su mensaje. Enganchado porque era el mensaje de Dios para mí. Y cuando llegó la invitación, cambió todo. Fue la chispa que encendió un fuego fuera de control en mi corazón y en mi vida.

Este predicador nos invitó a preguntarle a Dios en oración si tenía algo que decirnos o algún próximo paso que darnos. Nos instruyó que le hiciéramos esta pregunta a Dios y luego simplemente escucháramos. Nunca antes había orado de esa manera. Por alguna razón, nunca me di cuenta de que el Espíritu de Dios podría guiarnos con tanta claridad.

Así que oré como me instruyó el predicador. "Dios", dije, "no estoy seguro acerca de este mensaje. No sé lo que pienso al respecto. Incluso parece un poco raro. Pero si tienes algo que decirme, te escucharé. En ese mismo momento, una imagen apareció en mi imaginación: vi un campo de hierba en la oscuridad. Luego, una luz brillante brilló y el fuego pasó repentinamente por el campo.

¿Qué fue eso? Pensé. ¡Eso fue una locura! Vi esa imagen en mi imaginación, pero ciertamente no se originó conmigo. Era algo totalmente diferente. Esto debe ser del Señor. Me pregunté qué es lo que Dios está tratando de mostrarme. Dios acababa de encender un fósforo para incendiar mi vida espiritual. . . y ni siquiera lo sabía todavía.

Esa misma semana, mientras pasaba tiempo con Dios en oración, Dios continuó la conversación: "Charlie, estás dispuesto a arriesgar tu vida por tu país. ¿Estás dispuesto a hacer eso por mí?"

Dios me estaba llamando a más, pero ¿cómo era ese "más"? Cualquiera que sea la apariencia, estaba listo para comprometerme con Jesús al hacerlo. Una semana después, me encontré de rodillas al pie de una gran cruz en un campo abierto.

Mientras oraba, una vez más Dios comenzó a hablar, esta vez con más claridad que nunca: "Charlie, ¿renunciarás a las fuerzas armadas y me pondrás primero en tu vida?"

La pregunta de Dios penetró en las regiones más profundas de mi alma. Sus palabras, poderosas y frescas, emocionantes y convincentes, misteriosas y llenas de paz, me pusieron de rodillas con mi bandera blanca levantada en señal de rendición. Estaba dispuesto a renunciar a hacer la vida en mis términos.

Sí, Señor, oré. Me rindo y te pongo primero en mi vida.

Sentí que el Señor continuaba: "Si lo dices en serio, entonces póstrate ante Mí".

Pero Señor, protesté, hay todo tipo de hormigas y suciedad aquí, y tampoco quiero parecer uno de esos cristianos raros.

Una vez más, las palabras de Dios vinieron a mí: "Si lo dices en serio, entonces ponte boca abajo ante Mí".

Así que me acosté boca abajo y declaré mi total lealtad: Dios, lo que quieras hacer con mi vida, hazlo. Estoy dispuesto. Señor, me someto a ti. Lo que sea que tengas para mi vida, lo acepto todo.

Este momento, el momento de "sobre mi rostro en oración al pie de la cruz", se convirtió en el punto de inflexión espiritual de mi vida. No había vuelta atrás. Mi vida nunca volvería a ser la misma. Estaba totalmente dispuesto a servir a Jesús, sin importar lo que me esperaba, sin importar lo que me costara.

El momento crucial y decisivo detrás de mí llegó con una nueva serie de preguntas: ¿Y ahora qué, Señor? ¿Que sigue? ¿Cómo quieres que te sirva? No tenía idea de qué hacer. Yo ya había prestado juramento para defender la Constitución. Me había comprometido con una carrera militar. No tenía una visión alternativa de qué hacer con mi vida. Todos mis esfuerzos estaban en una sola dirección.

Si bien no sabía el siguiente paso para mi vida, sabía que Dios sí lo sabía. Así que esa semana agarré mi Biblia y fui al bosque a pasar tiempo con Dios y buscar Su dirección.

Oré, Dios, no tengo idea de qué hacer. Estoy rendido a Ti, sea lo que sea. Pero a menos que me muestres qué hacer, continuaré adelante con la Fuerza Aérea y te pondré primero.

Mientras oraba, Romanos 1 ardió en mi mente. Sabía que tenía que leerlo. Tomé mi Biblia, busqué el libro de Romanos y comencé a leer. Mientras leía, estas palabras saltaban de la página como si estuvieran dirigidas personalmente a mí: "... llamado... apartado para el evangelio de Dios... para promover la obediencia a la fe... Dios, a quien sirvo en mi espíritu en la predicación del evangelio de su Hijo, me es testigo... Tengo obligación tanto para con los griegos como para con los bárbaros, para con los sabios como para con los ignorantes. Así que, por mi parte, ansioso estoy de anunciar el evangelio...". (Romanos 1:1, 5, 9, 14–15).

Dios me estaba llamando a un propósito del reino que se parecía al del apóstol Pablo. Inmediatamente supe lo que Dios quería para mí: predicar itinerantemente. Dios me estaba llamando a viajar, como Pablo, de un lugar a otro y predicar a aquellos que conocen a Jesús pero que pueden profundizar su pasión por Él. Igualmente, Dios me estaba llamando a proclamar el evangelio a aquellos que aún no lo conocen, incluso aventurándome en lugares peligrosos e inalcanzables alrededor del mundo para hacerlo. La imagen/visión del campo oscuro vencido por el fuego y la luz que Dios me había revelado en el campamento de verano comenzó a tener sentido: ¡Dios quería que llevara Su luz a lugares oscuros y encendiera fuegos espirituales!

Tenía una elección que hacer. ¿Me sometería obedientemente a Jesús sin importar lo que me costara, o me resistiría? ¿Haría inmediatamente lo que Él me pidió, o retrasaría mi obediencia por opciones que fueran más lógicas, cómodas, agradables y seguras?

Sabía lo que tenía que hacer. Renuncié a mi trabajo de jardinería y tomé las medidas adecuadas para retirarme de mi beca y mis estudios militares. A lo largo de todo el proceso, seguí orando, Señor, confío en que Tú proveerás. He ahorrado cero dólares para la universidad porque la milicia iba a cubrir todo. No creo que deba tener deudas por lo que me estás llamando a hacer. Confío en que eres capaz de proporcionar todo lo que necesito.

La misma semana que salí del ejército, solicité ingreso a un colegio bíblico. Envié mi solicitud el viernes y la escuela comenzaba el lunes (loco, ¿verdad?). Sorprendentemente, me aceptaron y me dieron varias becas. Varias oportunidades de ministerio y pasantías estuvieron disponibles. ¡Y Dios proveyó! Milagrosamente, me gradué de la universidad sin deudas. A través de la oración, el trabajo arduo y la generosa donación de los recursos del reino por parte de otros creyentes, ¡Dios abrió un camino!

Todo lo que he visto hacer a Dios comenzó con ese único momento de sumisión, ese momento en el que reconocí que Jesús estaba a cargo y yo no. La declaración "Jesús es el Señor" significa que Jesús tiene toda la autoridad. Naturalmente, la autoridad requiere sumisión. Más aún, la autoridad radical requiere una sumisión radical, y me atrevería a decir que Jesús tiene una autoridad radical. Nuestra única respuesta debe ser una sumisión radical.

Le di a Jesús mi "sí" total cuando llegué a ese momento de bifurcación en el camino orando ante una cruz. Y nunca he mirado atrás. Ese único momento alteró todo el curso de mi vida, y no me he arrepentido de hacerlo ni un día de mi vida.

Pero ese "sí" fue sólo el comienzo de un camino diario de radical sumisión a Jesús. A pesar de todas las incógnitas, dificultades y barreras en el camino, ¡los "síes" radicales a Jesús han valido la pena! Esta aventura de Jesús es la causa más satisfactoria a la que cualquiera podría unirse. He descubierto que Jesús satisface más que el sueño americano o cualquier otro sueño que se le ocurra a cualquiera. De hecho, el sueño más elaborado y extravagante que jamás podamos concebir, crear o inventar se queda mediocremente corto en comparación con la causa de Su reino. El sueño americano es realmente un desperdicio lamentable de tu vida. Y nuestros propios sueños individuales, si no son también los de Dios, nos dejan huecos y vacíos el 100 por ciento del tiempo. De hecho, ¡son demasiado pequeños en comparación con la causa de Su reino, al otro lado de la calle y alrededor del mundo! No desperdicies tu vida. Después de todo, tus finitos minutos importan. Darle a Dios el control radical de tu vida no siempre es fácil. . . ¡pero participar en el sueño de Su reino trae alegría más allá de todo lo que puedas imaginar!

¿Has dado todo por la causa que cuenta? ¿Has dejado tus sueños y pedido a Dios sus sueños? No te arrepentirás. La sumisión radical al Rey de Reyes es donde todos los verdaderos corredores de barro deben comenzar su carrera. ¿Te comprometerás a decir sí a Jesús sin importar el costo y comenzarás a dar pequeños pasos de obediencia hoy?

¿Ahora qué?

- Considera en oración, ¿cuáles son algunas de las cosas que se han infiltrado en tu vida y están luchando contra tu sumisión radical, por lo tanto, quitando tu total devoción de Jesús y poniendo más atención en ti mismo?
- ¿Dejarás esas cosas que están luchando contra tu devoción a Jesús y le darás todo? Si nunca has tenido un momento de entrega absoluta a Jesús, o lo hiciste en el pasado pero algunas cosas han comenzado a desviar tu devoción, ahora es el momento de orar y decirle a Jesús, ¡Señor, me entrego y te doy todo!
- ¿Cómo sería para ti someterte radicalmente a Jesús todos los días? ¿Qué puedes hacer para empezar esta semana?

TREINTA Y UNO

ESCOGIDO PARA UNA MISIÓN

MIENTRAS CONDUCÍAMOS a través de las desoladas tierras desérticas de la selva del este de África, nuestro equipo no había visto a una sola persona o aldea durante horas. Estábamos literalmente en medio de la nada. Cortesía de nuestro Land Cruiser descubierto, el polvo nos cubría de pies a cabeza y se pegó a nuestro sudor como arena en mantequilla de maní. Después de horas de conducción todoterreno discordante, bache tras bache, una torre de jirafas apareció delante de nosotros en un valle abierto. Y no, las jirafas no estaban apiladas una encima de la otra, tambaleándose como la Torre Inclinada de Pisa. Un grupo de jirafas se llama torre (si, como yo, no sabías ese dato divertido... bueno, ¡ahora lo sabes!).

Mientras nos acercábamos a las jirafas, nuestro amigo africano, Peter, dijo: "Charlie, ¿por qué no sales y las persigues?".

"¡¿Hablas en serio?!" Pregunté, preguntándome si solo me estaba incitando.

"¿Si por qué no?" Peter sonrió.

No necesitaba preguntar dos veces. Salté por el costado del Land Cruiser y me metí en el polvo. Peter se unió a mí. Nos arrastramos con cautela hacia las jirafas. Al acercarnos a la torre, aceleramos nuestro paso y aceleramos a toda velocidad hacia estos magníficos animales No tenía ni idea de si las jirafas alguna vez eran agresivas con los humanos, pero si lo eran, ciertamente estábamos acabados.

Las jirafas corrieron en todas direcciones diferentes. ¡Ver correr a las jirafas es increíble! De hecho, corren a altas velocidades, pero sus largas piernas, cuellos y zancadas dan la apariencia de que están corriendo en cámara lenta. ¡No! Con sus cuellos del largo de un tronco abalanzándose por el aire, las jirafas nos superaron. Peter y yo nos inclinamos para recuperar el aliento, y nos reíamos alegremente mientras nos maravillábamos de la creación de Dios.

Volvimos a subir al vehículo y continuamos nuestro viaje. Justo antes del anochecer, finalmente vimos signos de vida humana. Era un pueblo Masai. Justo cuando nos acercábamos y estacionábamos el Land Cruiser, varios niños nos saludaron. Los niños eran juguetones y curiosos. Estaban especialmente intrigados con nuestra piel y nos indicaron si podían tocarla. Apreciamos su sentido de la maravilla y con mucho gusto los dejamos. Los adultos del pueblo pronto se nos acercaron y nos dieron la bienvenida para que nos uniéramos a ellos.

Alguien de nuestro equipo anunció: "Hemos venido a compartir un mensaje importante con ustedes".

El jefe respondió: "Mataremos una cabra para todos y comeremos. Entonces puedes compartir tu mensaje con nosotros. También puedes pasar la noche en nuestro pueblo".

Varios jóvenes guerreros trajeron una cabra para sacrificarla y cocinarla. El jefe nos miró y dijo: "Uno de ustedes puede tomar el honor de cortarle la garganta y derramar su sangre".

Nadie de nuestro equipo parecía emocionado de hacer el honor. Amante de la aventura y de todo lo nuevo, di un paso adelante y agarré el machete. Con un solo golpe, nuestra cena gourmet en el bosque había comenzado.

Los aldeanos Masai son buenos administradores de sus recursos. Después de cortar la cabra en trozos pequeños, cocinaron casi todas las piezas de la cabra. Clavaron palos en la arena alrededor del fuego y extendieron grandes porciones de carne sobre ellos. También asaron el corazón, el hígado, los pulmones y después de exprimir los excrementos, incluso cocinaron los intestinos. No desperdiciaron nada.

Sentados alrededor del fuego, tomamos turnos para tomar un poco de carne del sartén. Era deliciosa, especialemente después de un largo día de viaje.

Cuando terminó la cena, los guerreros se pusieron de pie, agarraron sus lanzas y se unieron al jefe para guiarnos a su área de reunión. El cielo estaba oscuro. Mientras seguíamos a estos expertos en matorrales por el camino, oramos para que Dios tomara sus corazones con la misma ferocidad con que ellos sujetaban sus lanzas.

"Estamos listos para escuchar su mensaje", declaró el jefe.

Alguien de nuestro equipo proclamó el mensaje de las buenas nuevas, desde la creación hasta la cruz, explicando todo lo que Jesús había hecho por nosotros. . . y ellos. Después del mensaje, invitamos a la aldea a seguir a Jesús entregando sus vidas a Él y dejando su dios tradicional y forma de adoración.

Muchos de los guerreros dijeron: "¡Queremos creer en este Jesús del que nos has hablado!".

La alegría inundó mi corazón. Apenas podía creer lo que estaba presenciando. El hambre espiritual llenó sus almas. Inmediatamente nos lanzaron todo tipo de preguntas, como "¿Por qué no podemos ver a Jesús en este momento?" y "¿Cuándo regresará Jesús?" y "¿Qué hacemos con el dios que hemos estado adorando?", y muchas otras.

Cuando nuestra discusión llegó a su fin, el jefe habló por el grupo: "Queremos ir a todos los pueblos cercanos y compartir este mensaje con todos los que nos rodean".

Antes de esa noche, este pueblo no tenía exposición al Evangelio. Nunca habían oído hablar de Jesús. Sin embargo, tan pronto como experimentaron al Jesús vivo, inmediatamente se vieron obligados a contárselo a otros. La realidad espiritual que se infiltró en sus vidas era demasiado increíble para no compartirla. El pueblo comenzó a vivir el propósito dado por Dios. Claramente, el Señor los había escogido como Su pueblo, y Él tenía asignaciones importantes para que las llevaran a cabo en los días venideros.

A lo largo de la historia, los cristianos han debatido qué significa que "Dios elige a las personas". Más que nada, creo que estos argumentos revelan cómo hemos perdido completamente el punto. A lo largo del Antiguo Testamento, Dios escogió a Israel como Su pueblo, Su posesión especial. ¡Qué realidad tan remarcable que Dios revela su corazón y su fidelidad!

Pero a menudo me he preguntado: ¿Hay más en la historia? ¿Escogió Dios a Israel por algo más que simplemente existir como Su pueblo especial?

En Éxodo 19:6 (NVI) Dios declara: "... seréis para mí un reino de sacerdotes y una nación santa". Como reino de sacerdotes, los israelitas tenían el propósito dado por Dios de actuar como sacerdotes para todas las naciones, representando al único Dios verdadero para cada tribu en la Tierra. ¡Qué llamado tan increíble! Y mira esto, Dios continúa revelando la plenitud de Su corazón, no solo para Su nación escogida, Israel, sino para todas las naciones:

> Y a los extranjeros que se alleguen al Señor *para servirle, y para amar el nombre del Señor, para ser sus siervos, a todos los que guardan el día de reposo sin profanarlo, y se mantienen firmes en mi pacto,*
>
> . . . .
>
> *yo los traeré a mi santo monte, y los alegraré en mi casa de oración. Sus holocaustos y sus sacrificios serán aceptos sobre mi altar; porque mi casa será llamada casa de oración para todos los pueblos.* Declara el Señor Dios que reúne a los dispersos de Israel: Todavía les juntaré otros a los ya reunidos". (Isaías 56:6–8, cursiva mía)

Dios usaría a su pueblo escogido para lograr esta visión. En pocas palabras, Dios eligió a Israel para la misión.

Pero en lugar de cumplir su propósito, el pueblo escogido de

Dios se apoderaron egoístamente de la presencia de Dios y buscaron sacerdotes para ellos mismos. Fracasaron en proclamar Su nombre entre las naciones. Fracasaron en revelar el corazón de Dios para cada grupo de personas.

Mientras miro a mi alrededor hoy, me temo que hemos seguido los pasos de Israel. Un evangelista amigo mío, Paul Epperson, ha dicho: "¡Somos la generación a la que más se le ha dado [del Evangelio – nota del traductor] y la que menos ha dado [del Evangelio – nota del traductor]!" Los israelitas se volvieron espiritualmente gordos, pasivos y perezosos. . . y muy a menudo la Iglesia moderna también lo ha hecho. Dios nos ha dado como Iglesia el mismo propósito que le dio a Israel. Él nos ha escogido para la misión: "Pero vosotros sois linaje *escogido*, real sacerdocio, nación santa, pueblo adquirido para posesión de Dios, *a fin de que anunciéis* las virtudes de aquel que os llamó de las tinieblas a su luz admirable;" (1 Pedro 2:9, cursiva mía).

Sin embargo, no hemos logrado cumplir la misión. ¿Cómo sé esto? Porque tenemos un acceso increíble a recursos cristianos al alcance de nuestras manos para nuestro crecimiento espiritual, tantas iglesias para elegir como cafeterías Starbucks, cheques de pago con mucho margen que podrían financiar las necesidades de la misión, ejércitos de personas que podrían ser enviadas a grupos de personas no alcanzadas, y a pesar de todas nuestras herramientas, capacitación y recursos, permanecemos ciegos ante la sorprendente realidad espiritual del mundo:

95% de todos los cristianos nunca han llevado a alguien a Cristo
(Greg Laurie)

El 70% de los cristianos no han compartido con un extraño cómo convertirse en cristianos en los últimos seis meses (Lifeway Research)

3.14 mil millones de personas (42.2 por ciento de la pobla-

ción mundial) viven en grupos de personas no alcanzadas (The Traveling Team Statistics).

Cinco de cada seis no cristianos en el mundo no tienen la oportunidad de escuchar el Evangelio (The Traveling Team Statistics).

Hay 900 iglesias y 78,000 Cristianos Evangélicos por cada Grupo No Alcanzado del Mundo (The Traveling Team Statistics)

Por cada $100,000 que ganan los cristianos, dan $1 para alcanzar a los no alcanzados (The Traveling Team Statistics).

De 400,000 misioneros transculturales, solo el 3 por ciento va a los no alcanzados (The Traveling Team Statistics).

El 83% de los asistentes a la iglesia en los Estados Unidos no estaban familiarizados con el término o el significado de Gran Comisión (Barna Research Group).

¡No puedo evitar imaginar que, como yo, encuentras estas estadísticas bastante asombrosas y reveladoras! Profundicemos un poco más en ellas para descubrir sus implicaciones.

- **95% de todos los cristianos nunca han llevado a alguien a Cristo** (Greg Laurie)

- **El 70% de los cristianos no han compartido con un extraño cómo convertirse en cristianos en los últimos seis meses** (Lifeway Research)

Es hora de que despertemos y tomemos en serio los

mandatos de Jesús, lo que incluye predicar el evangelio a todos (Marcos 16:15). En Apocalipsis, Jesús se dirige a siete iglesias, que muchos eruditos creen que representan tanto las expresiones individuales de la iglesia local como la iglesia global más grande. Jesús llama a cinco de esos siete al arrepentimiento. Me pregunto cuánto de la Iglesia moderna Jesús podría estar llamando a arrepentirse y despertar a Sus mandamientos. Esto es sin duda parte del problema. Donde esté tu dinero, allí estará también tu corazón. ¡Necesitamos un cambio de corazón!

• **3.14 mil millones de personas (42.2 por ciento de la población mundial) viven en grupos de personas no alcanzadas** (The Traveling Team Statistics).

UPGs (Grupos de Personas no Alcanzados – por sus siglas en inglés) son grupos etnolingüísticos con pocos o ningún creyente, resultando en cero oportunidades de escuchar el Evangelio y sin la capacidad de sostener un movimiento del Reino.

• **Cinco de cada seis no cristianos en el mundo no tienen la oportunidad de escuchar el Evangelio** (The Traveling Team Statistics).

Estos cinco de cada seis no son simplemente personas perdidas que han rechazado a Jesús o viven en la calle de una iglesia pero eligen no ir. Estas cinco de cada seis personas en el mundo son aquellas que no tienen la oportunidad de escuchar acerca de Jesús, incluso si quisieran. Es nuestro trabajo como Iglesia cambiar eso.

• **Hay 900 iglesias y 78,000 cristianos evangélicos por cada grupo étnico no alcanzado** (The Traveling Team Statistics).

¡Imagínese lo que podríamos hacer si nuestras iglesias y creyentes se unieran para terminar la misión! Incluso si solo una de cada 900 iglesias enviara a uno de cada 78,000 creyentes, llegaríamos a todos los grupos de personas no alcanzados restantes. ¡Eso sí que está al alcance de la mano!

• **Por cada $100,000 de USD que ganan los cristianos, dan $1 para alcanzar a los no alcanzados** (Estadísticas del equipo itinerante).

Esto ciertamente es parte del problema. Donde tu dinero esté, ahí estará tu corazón. ¡Necesitamos un nuevo corazón!

• **De 400.000 misioneros transculturales, sólo el 3 por ciento va a los no alcanzados** (The Traveling Team Statistics).

"Aproximadamente treinta veces más misioneros van a grupos de personas alcanzadas para trabajar con cristianos, de los que van a grupos de personas no alcanzadas. Mucho menos ir a los grupos de personas en "la frontera", o sea donde todavía no hay creyentes" (R.W. Lewis).

Me asombra que tantos que son llamados al campo misionero todavía terminen yendo a lugares ya alcanzados con iglesias bien establecidas. De ninguna manera es malo ir a estos lugares, pero no puedo imaginar que Dios esté llamando a casi todos los misioneros a casi todos los lugares alcanzados. Algo tiene que cambiar.

• **El 83% de los asistentes a la iglesia en los Estados Unidos no estaban familiarizados con el término o el significado de Gran Comisión** (Barna Research Group).

El 51 por ciento de los asistentes a la iglesia en los Estados

Unidos no estaban familiarizados con el término Gran Comisión. El 25 por ciento de los encuestados dijo que había oído hablar de él pero que no recordaba su "significado exacto", el 17 por ciento lo sabía con seguridad y el 6 por ciento dijo que no estaba seguro.

¡Es hora de que el mandato final de Jesús se convierta en nuestra primera preocupación!

La alarmante realidad espiritual del mundo y la flagrante desobediencia de la Iglesia revelada por estas sorprendentes estadísticas a menudo me atormentan. Así que debo preguntar: ¿Por qué no estamos comprometidos con la misión de Dios? ¡¿Por qué estamos fallando en cumplir el propósito para el que fuimos elegidos?!

El testimonio de mi amigo paquistaní Hamid es bastante revelador. Hamid trabaja incansablemente para ver más del mundo alcanzado con el mensaje de Jesús. Es un verdadero corredor en lodo. Pero no siempre ha sido así. Hamid se encontró evadiendo la misión de Dios durante muchos años.

"Sabes, Charlie", me dijo Hamid, "yo no era un verdadero seguidor de Jesús hasta hace cuatro años. Hasta entonces, yo era sólo un creyente. Antes había confiado en Jesús, pero realmente no obedecí lo que Él nos manda".

"¿Qué cambió eso para ti, Hamid?" Pregunté.

"Tomé café con otro creyente", respondió Hamid, "y lo que compartió conmigo cambió mi vida".

"¡¿Qué te dijo este hombre de Dios?!" Yo pregunté. Me moría de ganas de saber.

"Bueno", comenzó, "primero debo decir que siempre he sentido que no tengo lo que se necesita para tener un impacto en el mundo. He pensado que son los pastores, evangelistas y líderes quienes tienen la capacidad de hacer discípulos. Soy demasiado tímido para hacer lo que hacen. No soy una persona franca que pueda exigir la atención de la multitud ni me siento cómodo en un escenario.

"Pero cuando me reuní con este creyente, me dijo: 'Jesús no solo quiere pastores, evangelistas o líderes. Te quiere, Hamid. Él quiere que la persona común y corriente se una a Él en Su misión. ¡Jesús puede usarte! Hechos 4:13 nos muestra que Pedro y Juan eran hombres ordinarios y sin educación, pero que tuvieron un impacto inmenso porque habían estado con Jesús. Eso es todo. Lo mismo puede ser una realidad para ti, hermano'".

Hamid continuó: "Estas palabras destrozaron mis dudas más profundas y me liberaron para cumplir aquello para lo que Dios me ha elegido. Así que he comenzado a hacer discípulos desde entonces. Simplemente invito a la gente a mi casa y abro la Palabra de Dios con ellos. Y muchas veces, estas personas deciden seguir a Jesús como resultado. ¡Es emocionante ver cómo Dios está obrando en mi vida!"

El testimonio de Hamid reconfortó mi corazón y me animó. "Hamid", le dije, "es increíble escuchar cómo Jesús te trajo a donde estás hoy! Me recuerda a Mateo 9:37 donde Jesús dice: "La mies es mucha, pero los obreros pocos". Jesús no dijo que necesitaba más pastores, líderes o evangelistas, tan grandes como ellos. Jesús dijo que la mayor necesidad en el mundo es más obreros. Los obreros son realmente personas comunes que se encuentran en lugares cotidianos a quienes a Jesús le encanta emplear, personas como tú".

Durante años, Hamid fracasó en cumplir el propósito que Dios le dio debido a sus fallas, insuficiencias y la mentira de que creía que el impacto del reino es mejor dejarlo en manos de los "expertos", también conocidos como "cristianos profesionales". Sin embargo, fui muy bendecido al escuchar cómo el Espíritu Santo puso la vida de Hamid en línea con el corazón de Dios. Hamid se dio cuenta de que no importaba si se había equivocado demasiadas veces, si no tenía las palabras perfectas para decir, si no sabía todas las verdades al derecho y al revés, y si no tenía una posición influyente y directa. . Nada de eso importaba tanto como esto: ¡Jesús lo había elegido para Su misión!

Jesús elige a la gente común sin importar su origen o sus defectos. De hecho, Jesús le dijo a cada uno de sus discípulos imperfectos, desordenados y cubiertos de barro: "... yo os escogí a vosotros, y os designé para que *vayáis* y *deis fruto*," (Juan 15:16, cursivas mías). ¿Adivina qué? Ellos también fueron elegidos para la misión. Dios eligió a Israel, Dios eligió a los primeros doce discípulos, Dios eligió a los guerreros Masai, Dios eligió a Hamid, ¡y Dios te ha elegido a ti también! Dios está en el negocio de elegir personas imperfectas para Su plan gloriosamente perfecto.

Tal vez has huido de aquello para lo que Dios te ha llamado porque te sientes inadecuado, mal equipado, indigno o imperfecto. Tal vez sientas que no sabes lo suficiente, que tu pasado está demasiado empañado por el pecado, o que simplemente no tienes las palabras correctas para decir. O tal vez nadie te ha hablado nunca acerca de esta gran misión de Dios y de alguna manera te has perdido de ver las grandes necesidades del mundo. Tal vez has sido completamente perezoso, viviendo una vida egoísta y pasiva. ¡Aún así, el Creador de todo el universo te ha elegido! Como creyentes, somos Su posesión especial con un propósito especial.

Si el Señor de todo nos ha elegido, ¡nada podrá detenernos! No tenemos ninguna razón para huir de nuestro propósito. No tenemos ninguna razón para no ir. No tenemos ninguna razón para no compartir. Independientemente de lo que creas que se interpone en tu camino, es el momento, el momento de dejar ir cualquier cosa que te haya estado obstaculizando y el momento de abrazar tu propósito. Eres elegido para la misión. Tu carrera ha comenzado. Levántate, abróchate los zapatos y comienza a hacer avanzar el reino de Dios, sin importar la gente, el lugar o el costo. ¡Eres su corredor en lodo!

¿Ahora qué?

- ¿Qué te ha detenido o te ha impedido unirte plenamente a la misión de Dios y, en última instancia, cumplir los propósitos y planes de Dios para tu vida?

- Lee Génesis 12:3; Isaías 49:6; Isaías 56:6–8; Hechos 9:15; y Efesios 1:11–12. ¿Cómo te sientes al saber que Dios te ha elegido específicamente para Su misión?
- Para que el apóstol Pablo se volviera obediente a Jesús, Dios tuvo que tomar medidas drásticas. Pablo fue derribado y cegado por una luz penetrante para que Dios llamara su atención y le dijera: "Oye Pablo, te llamo para que seas luz de las naciones" (Hechos 9:1-31). ¿Qué necesitarás para perseguir tu propósito con pasión? ¿Cómo vivirás intencionalmente como un corredor de lodo que hace avanzar el reino de Dios, sin importar la gente, el lugar o el costo?

ESTADÍSTICAS MISIONERAS
ADICIONALES

Según George Barna, "Cada vez más cristianos no ven el compartir las buenas nuevas como una responsabilidad personal. Solo el 10 por ciento de los cristianos en 1993 que habían compartido sobre su fe estuvieron de acuerdo con la afirmación de que "convertir a la gente al cristianismo es trabajo de la iglesia local", en contraposición al trabajo de un individuo (es decir, ellos mismos). Veinticinco años después, tres de cada 10 cristianos que han tenido una conversación sobre la fe dicen que la evangelización es responsabilidad de la iglesia local (29%), un aumento de casi tres veces. Este salto podría ser el resultado de muchos factores, incluida una eclesiología deficiente (creer que "la iglesia local" está de alguna manera separada de las personas que forman parte de ella) o barreras personales y culturales para compartir la fe. Sin embargo, la divergencia más dramática a lo largo del tiempo está en la declaración: "Todo cristiano tiene la responsabilidad de compartir su fe". En 1993, nueve de cada 10 cristianos que habían compartido su fe estuvieron de acuerdo (89%). Hoy, solo dos tercios lo dicen (64 %), una caída de 25 puntos" (www.barna.com/research/sharing-faith-increasingly-opcional-cristianos).

Estadísticas provistas por The Traveling Team
(www.thetravelingteam.org/stats)
Hay un total de 6,741 grupos de personas no alcanzadas.

Dinero y Misiones:

Dado a cualquier causa cristiana de cualquier tipo: $ 700 mil millones de USD (Eso es también lo que gastamos en Estados Unidos en Navidad).
Donado a Misiones: $45 mil millones de USD (Eso es solo el 6.4 por ciento del dinero dado a causas cristianas de cualquier tipo. Eso es también lo que gastamos en Estados Unidos en programas de dieta. Malversación: si está haciendo los cálculos y se da cuenta de que faltan $50 mil millones de USD, aquí es dónde se fue.)

Cómo se usa la ofrenda cristiana:

- Ministerios pastorales de iglesias locales (principalmente en naciones cristianas): $677 mil millones de USD(96.8 por ciento)
- "Misiones locales" en las mismas naciones cristianas: $20.3 mil millones de USD (2.9 por ciento)
- Ir al mundo no cristiano no evangelizado: $ 2.1 mil millones de USD (.3 por ciento. Esto es diferente de los "no alcanzados").
- Dinero que se destina a grupos de personas no alcanzadas (UPG – por sus siglas en inglés): estimado de $ 450 millones de USD (en 2001, solo el 1 por ciento de las donaciones a "Misiones" se destinó a los no alcanzados; si esa tendencia se mantiene hoy, serían $ 450 millones de USD. El estimado de $ 450 millones de USD destinados a UPG es sólo el 0,001 por ciento de los

ingresos de $42 billones de USD de los cristianos. Recientemente, los estadounidenses han gastado más dinero comprando disfraces de Halloween para sus mascotas que la cantidad donada para alcanzar a los no alcanzados).

Trabajadores Cristianos:

Trabajadores cristianos de tiempo completo en el mundo: 5,5 millones de trabajadores

Trabajadores cristianos en las partes alcanzadas del mundo: 4,19 millones de trabajadores locales (75,9 por ciento)

Trabajadores cristianos en las partes no evangelizadas del mundo: 1,3 millones de trabajadores locales (23,7 %)

Obreros cristianos en las partes no alcanzadas del mundo: 20.500 trabajadores locales (0,37 por ciento)

Conclusiones:

Los cristianos evangélicos podrían proporcionar todos los fondos necesarios para plantar una iglesia en cada uno de los 6.741 grupos de personas no alcanzadas con solo el 0,03 por ciento de sus ingresos.

Si cada evangélico diera el 10 por ciento de sus ingresos a las misiones, fácilmente podríamos apoyar a 2 millones de nuevos misioneros.

La Iglesia tiene aproximadamente 3000 veces los recursos financieros y 9000 veces la mano de obra necesaria para terminar la Gran Comisión.

MÁS OPORTUNIDADES PARA TI

CharlieMarq.com

¡Ve más de lo que está sucediendo en el ministerio de Charlie y cómo puedes ser parte de él!

El PodcastCombustible para la Cosecha
FuelFortheHarvest.com

Los anfitriones del podcast Fuel For The Harvest, Charlie y Nathan, se acercan a ti desde todas partes del mundo (aquí, allá y en todas partes) con testimonios, consejos y debates increíbles. La misión: equipar a los cristianos para que se conviertan en obreros cotidianos en sus campos de cosecha (Mateo 9:35-38). ¡Se trata de vivir con el corazón en llamas y con un propósito!

MultiplyingMovements.com

¿Quieres aprender más acerca de cómo vivir de manera práctica, paso a paso, una vida que avanza en el reino y corre en lodo? Consulta la herramienta de discipulado de Forge que está impactando innumerables vidas en todo el mundo: "Movimientos multiplicadores: una herramienta de discipulado para los seguidores cotidianos de Jesús"

A menudo se habla del discipulado, pero rara vez se practica. Y es aún más raro que el discipulado se multiplique más allá de un individuo o una generación espiritual.

Multiplying Movements no es simplemente un material de una sola vez, sino una herramienta de discipulado diseñada para que guíes a otros, hagas discípulos y para que ellos a su vez guíen a otros, ¡para que el movimiento se multiplique mucho más allá de ti como individuo!

Los Movimientos Multiplicadores sentarán las bases para que cualquiera y todos puedan vivir como un trabajador diario por el Reino de Dios por el resto de su vida: ¡un discípulo en acción que ama a Jesús con todo, ama a los demás y hace avanzar Su Reino!

FORGE
ForgeForward.org

Desde 1986, Forge ha estado persiguiendo apasionadamente la misión de Jesús de levantar más Obreros del Reino, personas cuyos corazones arden por Dios y viven con un propósito, compartiendo el amor de Dios con todos en su esfera de influencia. Forge viene al lado de iglesias y ministerios para desafiar y equipar a las personas para que tomen decisiones espirituales y activen el propósito que Dios les ha dado. Creamos impacto nacional, global y mutigeneracional a través de la predicación dinámica, el entrenamiento práctico y los recursos de discipulado.

PREDICADORES DE FORGE
es.ForgeForward.org/event-speakers/

¡Vea más oradores itinerantes en el equipo del ministerio de Charlie! Están disponibles para ir a su evento si lo solicita. Comuníquese con Forge al: 303-745-8191 o ForgeForward.org

PROGRAMAS DE EQUIPAMIENTO FORGE PAARA TODAS LAS EDADES
es.forgeforward.org/equipping-programs/

Forge Equipping no es un campamento de verano y eventos de entrenamiento "como de costumbre". Forge desafía y equipa a personas de todas las edades para que se conviertan en trabajadores del Reino únicos y de por vida en sus lugares cotidianos.

LIBROS Y RECURSOS DE FORGE
ForgeResources.org

¿Estás buscando una relación más profunda con Dios y formas prácticas de ampliar el impacto del Reino en tu vida? Forge tiene los recursos que necesitas.

Más recursos de Forge...

LA APLICACIÓN DE FORGE

Herramientas esenciales de para obreos del reino al alcance de tu mano en: TheForgeApp.org

ÚNETE AL MOVIMIENTO MULTIPLICADOR

Donde los seguidores cotidianos se convierten en multiplicadores del Reino: es.forgeforward.org/resources/books/mm/

CONTENIDO DE VIDEO DE FORGE

Suscríbete a contenido de vídeo gratuito: Youtube.com/ForgeForward

EL PODCAST DE FORGE

CombustibleParaLaCosecha.com

MENSAJES DE TEXTOS DIARIOS DE FORGE

Escanea el código QR o visita es.ForgeForward.org/Sparks para unirte a Spark of the Day para devocionales diarios de una frase.

¿NECESITAS ORACIÓN?

Manda un correo electrónico a Prayer@ForgeForward.org

CONTÁCTANOS
14485 E. Evans Avenue
Denver, Colorado 80014
303.745.8191
info@forgefoward.org

Conoce más e involúcrate en:
es.ForgeForward.org

ACERCA DEL AUTOR

Charlie Marq siempre ha tenido una habilidad especial para las travesuras y la aventura. Al crecer, a menudo se encontró asumiendo el papel de autor intelectual de las bromas, reuniendo a las tropas en caso de problemas.

Sin embargo, cuando Jesús tomó su vida, todo cambió.

El anhelo insaciable de Charlie por aventuras traviesas nunca se fue. En cambio, se transformó en una pasión por crear problemas en el reino: proclamar el evangelio en tantos lugares como sea posible, aquí, allá y en todas partes, incluso si está prohibido o se considera "demasiado peligroso".

A Charlie le apasiona ver el avance del reino de Dios entre las regiones del mundo no alcanzadas, no comprometidas y fronterizas. El latido del corazón de Charlie es "anunciar el evangelio, no donde Cristo..." no es todavía conocido (Romanos 15:20). Así que ha puesto los pies en su fe, viajando extensamente a grupos de personas no alcanzadas en todo el mundo.

Cuando no se aventura en campos misioneros remotos, Charlie viaja de un lugar a otro, predicando en todas partes para todo tipo de eventos. Hablando con intensidad y urgencia, comparte historias cautivadoras de Dios, desafiando apasionadamente a las multitudes a darle todo a Jesús y participar en la misión diaria de Dios, ya sea al otro lado de la calle o al otro lado del mar.

Cuando no está de viaje, Charlie vive en Colorado junto con su increíble esposa y su familia.

¿Quiere invitar a Charlie a hablar en su evento o explorar su ministerio? Visite CharlieMarq.com.